抱局

创新基因与战略跃升

杨国和 著

中华工商联合出版社

图书在版编目（CIP）数据

拓局：创新基因与战略跃升 / 杨国和著. -- 北京：中华工商联合出版社，2025.5. -- ISBN 978-7-5158-4223-3

Ⅰ．F273.1

中国国家版本馆CIP数据核字第20257KC352号

拓局：创新基因与战略跃升

作　　者：	杨国和
出 品 人：	刘　刚
责任编辑：	于建廷　效慧辉
装帧设计：	周　源
责任审读：	傅德华
责任印制：	陈德松
出版发行：	中华工商联合出版社有限责任公司
印　　刷：	北京毅峰迅捷印刷有限公司
版　　次：	2025年7月第1版
印　　次：	2025年7月第1次印刷
开　　本：	710mm×1000 mm　1/16
字　　数：	240千字
印　　张：	14.25
书　　号：	ISBN 978-7-5158-4223-3
定　　价：	58.00元

服务热线：010-58301130-0（前台）
销售热线：010-58301132（发行部）
　　　　　010-58302977（网络部）
　　　　　010-58302837（馆配部）
　　　　　010-58302813（团购部）
地址邮编：北京市西城区西环广场A座
　　　　　19-20层，100044
　　　　　http://www.chgslcbs.cn
投稿热线：010-58302907（总编室）
投稿邮箱：1621239583@qq.com

工商联版图书
版权所有　侵权必究

凡本社图书出现印装质量问题，请与印务部联系。

联系电话：010-58302915

商海搏浪,心舵定航。

胸有乾坤,自有天地。

说到底,经商的成败,关键在于"心"。

——作者感悟

前言

健康成长战略为要

在过去40多年中成长起来的民营企业，在为我国经济社会做出显著贡献的同时，自身也暴露出不少问题。

既有思维观念方向的，也有经营管理方向的，必须引起重视，积极应对，才能从容面对"百年未有之大变局"、越来越激烈的国内外市场竞争，以及新时代出现的新变化，才能健康地"活下去"。为帮助企业和经营者实现"义利兼得"这一美好愿望，笔者从多年对民企跟踪、观察、调研、学习、思考中，从企业成功失败案例中，"悟"出了一些道理，与大家分享。力求帮助企业经营者少走弯路，少犯错误；从"小我""只挣小钱""做小贡献"的低层，朝着"大我""能挣大钱""多做贡献"的人生高层迈进。

授人以鱼，不如授人以渔；授人以渔，不如授人以"欲"。遗憾的是笔者不能为你提供"鱼"，只能提供"渔"与"欲"，即相关的经营方法、理念等一些精神层面的帮助。笔者在长期为企业"寻找正确出路、探求规律"的过程中，经过较充分的调研思考，认为企业和经营者要实现健康成长，成为"参天大树"，必须站在战略高度，全面审视过去与未来，努力找出一条适合实际情况的发展道路。为此，本书设计了"树德与守正""传承与创新""勤奋与智慧""战略创新与战略管理"四个方面的问题加以论述。

本书在表达方式上，尽量避开晦涩的文字，以成败案例、哲理故事、引经据典、谈古论今、中外结合等形式，用通俗易懂、循循善诱的语言和容易消化理解、便于掌握操作的方式，帮助企业经营者快速提升思想境界和经营管理水平。

笔者之所以着重从战略的视角论述企业生存发展问题，对当前面临的具体问题讲得不多，是因为只有战略才能解决企业未来生死这一根本性问题；战术只能解决企业规模和眼前的问题。同时，不同的企业有不同的情况；企业外部环境又在快速变化，不可能设计出一套每个企业都适用、长期都能用的方案。企业只有努力去"悟"，寻找适合自身的路子，才能"活下去"，才能"活出彩"！

本书只是一孔之见，敬请各界志士仁人不吝赐教。

目录

第一部分 1 树德与守正是企业经营之根

创业故事与启示：宏源公司黄存才 003

第一章 做事先做人，厚德成大事 009

　第一节 德为做人做事之道 009
　　一、德为人生之道 009
　　二、做人就是修德 011
　　三、做事必须讲德 011
　　四、有德才会"靠谱" 012

　第二节 厚德为经商者之本 013
　　一、小企业靠德而成长 013
　　二、厚德方能成就大业 014
　　三、厚德才能成为良商 015
　　四、厚德在于知错改过 016

　第三节 商德的核心是诚信 017
　　一、诚实守信是人类社会的精神坐标 017
　　二、诚实守信是市场经济秩序的基石 018
　　三、诚实守信是企业生存发展的商德 019
　　四、诚实守信是企业文化的重要内容 021

— 1 —

第四节　守德才能依法经营 022

一、道德是法律的基础 022

二、市场需要道德支持 023

三、依法经营还需讲德 024

第二章　厚德源于高尚的人品 026

第一节　凭良心是做人做事的基点 026

一、良心是人生的出发地 026

二、凭良心是做人的责任 027

三、有良知方能成就人生 028

第二节　知恩感恩是做人做事的动力 029

一、知恩感恩是人之常情 029

二、先富者应该感恩社会 030

三、懂感恩才会内生动能 031

第三节　懂善良可自身安宁成大事 032

一、不断积善方可德高望重 032

二、与人为善，人缘好事易成 033

三、施善靠心也要讲"真" 034

四、企业需要靠善良作支撑 035

第三章　厚德需要守正做基石 036

第一节　守正是做人做事成功的前提 036

一、"正"是社会对人的基本要求 036

二、探索求正方能正道前行 037

三、守正就是坚持"正能量" 038

目 录

第二节 立正念，锻造正确的价值观 039
一、在对"金钱"的正确态度上求正念 039
二、在克服"小业主意识"中求正念 041
三、在持续不断自我反省中寻求正念 042
四、在坚持修炼正确价值观中求正念 044

第三节 明正位，准确找到努力方向 045
一、找到正确位置才有努力方向 045
二、认识自己本身才能不断成长 046
三、认清企业特点才知量力而行 047
四、认知民营经济才会奋勇向前 048

第四节 走正道，企业方可顺利前行 050
一、经商需走正道才顺畅 050
二、正道取财方为"良商" 051
三、正道是合法合理之路 051
四、法律底线千万不可踩 052

第二部分 传承与创新是企业经营之本

创业故事与启示：正泰集团南存辉 055

第四章 中华传统文化是经商成功的基石 061

第一节 经商者需要铭记的古代至理名言 061
一、"义利兼顾"是最佳的经商思想 061
二、"自强不息"是必备的创业精神 063

三、"无为而治"是高端的管理理念 065

第二节 "修己安人"是中国式管理的精髓 066

一、修己安人是企业经营者的基本素质 066

二、修己安人是中西方管理的根本区别 067

三、修己安人是"中国式管理"的核心内容 068

第三节 值得经商者学习的古代知名商人 069

一、春秋末期的商人鼻祖范蠡 069

二、明清百年家族企业"康百万" 071

三、清代晋商优秀代表乔致庸 073

四、清朝末期知名商人胡雪岩 075

第四节 弘扬优秀传统文化的企业经营者 078

一、福耀玻璃集团曹德旺：博古通今，奋力向前 078

二、兆通型钢公司冯振华：古为今用，健康成长 079

三、宏源精工公司黄存才：居安思危，智对风险 082

第五章 观念创新是企业健康发展的灵魂 085

第一节 只有不断创新才能"活下去" 085

一、创新是事物发展的基本规律 085

二、创新是企业生存发展的动力 086

三、创新可从技术方面寻找突破 087

第二节 创新致富观念，方能走得更远 088

一、"共同富裕"是社会发展的必然趋势 088

二、"共同富裕"是广大民众的人心所向 089

三、"先富带后富"是企业经营者的责任 089

目 录

第三节 创新政商关系，方可心正身安 090
一、政商勾连对社会危害极大 090
二、政商交往是正常人际关系 091
三、政商交往要重"感情投资" 091
四、政商交往要"适度" 092

第六章 创新经营理念，谋求高质量发展 093

第一节 要把员工放在第一位 093
一、坚持"员工第一"的理念 093
二、坚持"合作共赢"理念 094
三、坚持"共同成长"的理念 095

第二节 建立良好的人才机制 096
一、用人才机制聚才 096
二、用真诚之心爱才 097
三、以"大智慧"驭才 097

第三节 选择合适的经营方式 098
一、扎根实业，立足长远 098
二、深耕"专精"，突显特色 099
三、技术领先，打造品牌 100

第七章 创新"制度安排"，谋求固根健体 102

第一节 坚持体制创新，打造"命运共同体" 102
一、使企业成为"命运共同体" 102
二、实施"共同持股"方案 103
三、实现"幸福快乐"目标 104

第二节 坚持机制创新，打造"文化型企业" 105

一、以企业文化铸造整体凝聚力 105

二、以企业文化增强市场竞争力 106

三、在创新中使企业文化展新颜 107

第三节 坚持制度创新，推动企业变革 108

一、正视家企生存发展"时代危机" 108

二、家企应在"自我革命"上下功夫 109

三、"家族式制度"变革应乘势而上 110

第四节 坚持经营创新，打造"经营新形态" 110

一、企业转型才能更好应对发展 111

二、企业转型需要把握好方向 111

三、企业转型应依据实际情况 112

第三部分 勤奋与智慧是企业经营之器

创业故事与启示：福耀集团曹德旺 117

第八章 勤奋是企业成长壮大的基石 121

第一节 勤奋是企业发展的最佳之道 121

一、勤奋能得到"上天"的帮助 121

二、勤奋能够补齐自身不足 122

三、勤奋是解决困难的有效办法 123

目 录

第二节　勤奋要用好心中"一口气" 124
一、勇气是冲锋陷阵的"尖刀" 124
二、"运气"是持续准备的"硕果" 125
三、静气是成熟者的"大智慧" 126

第三节　勤奋应具备的"一点精神" 127
一、"艰苦奋斗"精神 127
二、"努力向上"精神 128

第九章　智慧是企业适应新时代的锐利武器 129

第一节　智慧是长期实践的经验总结 129
一、智慧是高层级思维方式 129
二、智慧是辨析判断的能力 130
三、智慧是与时俱进的力量 130

第二节　智慧提升才能更好服务未来 131
一、聪明需要提升为智慧 131
二、知识需要转化为智慧 132
三、小智慧还要努力"长大" 133

第三节　企业未来发展需要"大智慧" 134
一、"大智慧"才能把握"大势" 134
二、"大智慧"才会有"大目标" 135
三、"大智慧"才可能"一次成功" 136
四、"大智慧"才可能减少"失败" 137

第四节　企业应把握的"大智慧"要诀 138
一、顺势而为 138
二、把握适度 138

三、学会选择 139

四、借力发展 140

五、先舍后得 140

第十章 用"大智慧"铸就企业家之梦 142

第一节 小老板成长应以企业家为目标 142

一、成长是自然界的基本规律 142

二、在创业实践中锻造企业家基因 143

三、在创业实践中注重企业家修炼 143

第二节 小老板应探索奔向企业家之路 144

第十一章 努力获得"大智慧"才能赢得未来 147

第一节 从自然现象中汲取智慧 147

一、学习"水",造福万物 147

二、学习"树",成长自己 148

三、学习"河",力奔"大海" 149

第二节 向圣贤伟人学习智慧 150

一、向志士仁人学智慧 150

二、向名人左宗棠学智慧 151

第三节 从书本实践中获得智慧 152

一、书中自有"黄金屋" 152

二、认真学好"两本书" 152

三、新时代要学好新知识 153

四、建立合理的知识结构 154

目 录

第四部分 战略创新与战略管理是企业经营之要

创业故事与启示：深圳华为科技任正非 157

第十二章 战略是事业兴旺发达的制胜法宝 167

第一节 战略是人类社会文明的精神瑰宝 167

一、战略是人们前进的一座灯塔 167

二、战略是做人做事的最高境界 168

三、战略是一个理论与实践构成的大系统 169

四、战略是"虚"和"实"相结合的思想和方法 170

第二节 战略是中华民族不断创新的结晶 172

一、我国的战略思想影响深远 172

二、战略思想还要随时代创新发展 173

第三节 战略思维是高端的思维方式 174

一、认知上的高度 174

二、格局上的大度 175

三、眼界上的广度 175

第四节 战略思考是寻求"解套"的金钥匙 176

一、寻求"解套"之法在于开动脑子去"想" 176

二、寻找"解套"之法还要敢于去"想" 178

三、善于战略思考的原则与方式 179

第十三章 "活下去"是企业战略的根本任务 181

第一节 "活下去"的战略方针 181

一、"活下去"是一种精神 182

二、"活下去"是一种智慧 182
三、"活下去"是一种能耐 183

第二节 "活下去"的经营策略 184
一、经营机会求跨越 184
二、居安思危迎挑战 184
三、应对"萧条"快起跑 186

第三节 除去"死根"生发优势 187
一、寻找"死因"，挖掉"死穴" 187
二、用好自身优势，提升竞争力 189
三、借助营商环境，夯基础快发展 190
四、做好"红海"，寻求"蓝海" 190

第十四章 企业战略是对企业未来发展的思考 193

第一节 企业战略对经营方向的思考 193
一、寻找企业正确的方向 193
二、放远目光看未来 194
三、平稳前行谋发展 195
四、内外环境应并重 196

第二节 企业战略对重大事务的思考 197
一、积极寻找"正确" 197
二、坚持"做对的事" 198
三、努力"把对的事做对" 199
四、实现"把对的事做得又快又好" 200

第三节 企业战略对领导团队的思考 200
一、领导者的战略角色与战略能力 200

目 录

　　二、高素质领导团队建设势在必行　202
　　三、领导队伍中智囊人才不可或缺　203

第四节　企业战略对企业接班问题的思考　204
　　一、企业要重视培养接班人　204
　　二、对"子承父业"模式的分析　205
　　三、对接班人的培养应着眼未来　206

结语　"准备好了吗？时刻准备着"　207

第一部分

1

树德与守正是企业经营之根

创业故事与启示：宏源公司黄存才

常言道："种树者必培其根，种德者必养其心。"意思是说，要想培育一棵大树，要从树根培育；要使一个人成为社会有用之才，就要从德这个心开始。我们认为，要使新时代的民企，规范经营健康成长，在实现自身富裕的同时，为国家、为社会多做贡献，就必须从树德与守正、强化道德之心开始。"根深"方能"叶茂"，"厚德"才会使民企强大。

坚守员工第一，秉承稳中求进

黄存才，宏源精工股份公司创始人、原董事长。1970年由农民应招到河南省安阳市轧钢厂当工人。曾担任车间主任、分厂厂长、厂工会主席、生产科科长、设备科科长等职务。1996年企业破产后，黄存才带领三十多名下岗职工，自主创业，生产自救，创立了安阳宏源型钢公司（宏源精工前身），任董事长、总经理。经过20多年的不懈努力，黄存才凭借顽强的拼搏精神、坚忍不拔的毅力，一步一个脚印，踏踏实实，打造出属于自己的一片天地。把一个靠筹措二十余万元起家的、名不见经传的、由下岗职工组成的生产自救式企业，发展成为拥有六家子公司的国家高新技术企业。目前，该企业是国内一家集小型型钢研发、生产及非道路工程机械车轮型钢轧制、配件制作、车轮总成生产为一体的较全产业链制造企业。现有资产7.2亿元、年销售产值9亿元、年纳税额4000多万元、员工1000余人，生产规模在国内同行业中名列前位。多年来，宏源精工始终致力于深耕实业、勇于担当、诚实守信、员工第一的企业精神，积极履行社会责任，用工匠精神发展民族工业，努力实现企业效益和社会效益有机统一。

"视员工为人才，与员工共发展"是黄存才名字的真实写照。

一、下岗创业不忘员工

1995年初，国企安阳轧钢厂处于半停产状态，黄存才积极组织下岗职工开展生产自救。先是组织七名下岗工人租了几间门店，从事销售钢材、修理和加工，以保障职工基本生活。1996年企业破产后，黄存才认为，自己作为一名共产党员，又当过中层领导，不能只顾自己，要想办法帮大家渡过难关，才算对得起与自己一起工作多年的同事。从此，黄存才心怀"为下岗职工解困，为社会政府解忧"的志向，选择了自主创业之路。创业之初，黄存才带领几个下岗人员找到了一个破旧厂房，托亲戚找朋友，筹到了24万元，注册了名为"安阳市宏源型钢厂"。由于资金不足，他们靠收购一些废钢铁作原材料，加工生产一些民用建材，销往周边农村，以维持大家的生活。

第一部分
树德与守正是企业经营之根

二、艰苦奋斗，提高效益为员工

黄存才带领大家干了一段时间后，感到这样小打小闹难以安排更多的下岗职工就业，也难以让员工摆脱贫困。于是，他把着力点放在了研发适销对路的汽车及工程机械车轮小型钢新产品上，以提高经济效益。为解决研发资金短缺问题，黄存才回到老家，以全部房产及农机做抵押，在信用社贷款5万元；又动员职工入股筹到30万元。缺乏技术资料，他们就找来型钢样品比对设计，并向行业内有关专家寻求帮助。黄存才带领员工认真研究相关技术标准，反复进行改进、试验。在那段艰苦的岁月中，黄存才每天与大家在车间里一干就是十多个小时。经过三年多不懈努力，宏源先后开发出车轮用型钢产品16种。这些产品投放市场后，企业有了较好收益。员工的工资待遇也逐步提高。

为扩大企业规模，增加效益，2000年底，黄存才果断决策，筹资676万元，整体收购了破产的国企钢圈厂。为增加产量，降低成本，他们克服了资金、技术等困难，经过一年多的艰苦奋战，成功建成较先进的Ø500生产线，先后开发了扁钢、插口钢等市场上热销的新品种。到2004年底，销售收入达到1.2亿元，进入同行业先进行列。

三、不断创新，做优做大富员工

黄存才并不满足已有成绩。他认为把企业做大做好了，才能为国家多做贡献，为员工创福祉。进入21世纪后，外部市场也在发生着剧烈的变化。黄存才意识到，如不参与竞争，迟早要关门。于是，他们大胆提出了"年产100万套汽车、工程机械车轮总成"新建项目。他们经过反复调研论证，克服诸多困难，历时半年多建成投产，登上了同行业的"制高点"。目前，该企业是国内一家集小型型钢研发、生产及非道路工程机械车轮型钢轧制、配件制作、车轮总成生产为一体的全产业链制造企业。生产规模在国内同行业中名列前位。已成为全球非道路工程机械车轮行业规模较大、品种齐全、工艺领先的现代化企业。企业做大后，社会效益、经济效益大幅度提升。

四、把企业办成员工快乐家园

黄存才说，许多民营企业的员工90%左右是国企离职下岗者、从农村走出来打工的农民工和从学校毕业不久的年轻人，企业不能把他们当作老板赚钱的工具，应将他们塑造成有用之才，无论对社会、对企业和个人都是十分必要的，也是企业的一项重要责任。

一是把员工当人才培养。黄存才把企业当作员工教育培训平台。在积极吸纳外部人才的同时，还把重点放在企业自身培养上。特别是把宏源企业文化融入其中，积极推行"能力＋文化"的人才培养模式。主要是培养管理和技术人才，内容是思想觉悟和工作能力，方法是师傅带徒弟、送大专院校培训和自身培训。宏源先后投资上千万元，利用当地的教育资源，十多年不间断，把170多个只有初中小学文化和缺少技能的人培养成具有中专水平的人才，把120余人培养成具有大专水平的人才。还出资选送了多名有更大潜能的年轻员工到武汉科技大学等院校进行脱产4年的深造，还有多名各级管理人员被送到北大短期培训，形成了"双

第一部分
树德与守正是企业经营之根

百"技术团队和管理团队的良好局面。

二是把员工当家人对待。黄存才认为，企业负责人应该成为"一家之长"，担负起关心员工的职责；不仅让员工有好的收入，还要有当家作主的尊严。企业应成为员工遮风挡雨的靠山和幸福家园。员工的福利待遇，随着企业经济效益稳步增长。员工人均工资每月由早期的300元左右，提升到目前5000元左右。不少员工买了新房和小轿车。支持工会组织积极开展多样的职工培训、劳动竞赛、岗位练兵、争当能手以及各种文体活动；按有关规定签订劳动合同，并为全体员工办理了养老保险、医疗保险、住房公积金等，特别是在员工的工资问题上，黄存才在公司确立了一条硬规矩："资金再困难宁可借钱，也要按时开工资。"这一承诺一坚持就是二十多年，从无拖欠。

黄存才把自己定位为"一号家长"，视员工为兄弟姐妹。他常说，损害员工利益和感情的事决不能干。宏源规定，对员工违规违纪一般不作开除处理，重在进行批评教育。对员工家里的事，宏源也都放在心上：员工子女入学有困难，公司出面与当地学校协调解决；员工本人或者父母妻子儿女有病住院，公司都会派人去医院看望慰问；每年春节、中秋节为员工发放福利；每天为员工提供免费就餐，上学的孩子也可随员工免费就餐；员工家庭亲属红白事，公司领导亲自或派人帮助处理。对有重大困难的员工，发动大家捐款。还投资建立了职工图书室，藏书3万余册，等等，使员工有了家一样的感觉。企业凝聚力不断增强，极大地提高了员工爱厂敬业，以厂为家的思想觉悟。

三是视员工为干事合伙人。黄存才认为，企业与员工是合伙人、合作者的关系，不仅讲诚信，还要厚爱备至；企业只要为员工着想，帮助成长，必然换来员工的奉献和忠诚。如：有位从农村走出来的员工，因家里没钱上学就出来打工，该员工平时踏实能干，爱动脑筋，受到车间领导的一致好评。宏源便将他送去武汉科技大学脱产学习四年，现已任职于重要岗位，为宏源的新技术、新产品研发做出了很大贡献。有单位以每年百万年薪挖人，他却说，给多少钱都不离开宏源。

第一章　做事先做人，厚德成大事

德是指为人品尚，为人之道。从词汇（品德、道德、德性、德高望重、厚德载物）里面可悟出德的涵义，说明德是古人用来衡量做人准则、正人品质、人生高尚的范畴。一个人德行败坏，人前人后都抬不起头、处处难堪。因此，"德"是根本，是源泉，不讲"德"，任何事都将寸步难行。

第一节　德为做人做事之道

一、德为人生之道

人类之所以为自然界中的高级动物，就在于人要为家庭、社会和国家担负责任。这就有个如何"做人"的问题。社会上许多人做事虽然很努力，但仍会一次又一次跌入失败深渊，一个重要原因是忽略了做人问题。常言道：做事先做人。许多创业者，忽视做人与做事的先后顺序，一上来就急着做事捞钱。这就违背了做事先做人的规律，是造成失败的重要原因之一。

做人必讲"德"。这是因为：整个宇宙的运行，它有一个自然的法则，这个法则就叫做道德。道生成万事万物，德养育万事万物。道与德是相互紧密相联的两个概念，道是万物的总根源，德是道在万物中的体现。所谓德，就是得到"道"之后，顺应自然地按照社会规律和人类客观需要去做人做事，也可称之为"德行"。道之所以被尊崇，德之所以珍贵，是因为道生长万物而不据为己有，德抚育万物而不自恃有功。正如《大学》一书中所言："是故君子先慎乎德。有德此有人，有人此有土，有土此有财，有财此有用。"意思是说，人有德行，便会有人、有地、有钱。这样的人，福报必当如影随形，灾祸必当通通远离，这就是一个人最好的修行。

陶行知先生曾说：道德是做人的根本，没有道德的人，学问和本领愈大，就为非作恶愈大。一个有德行的人，站得高，看得远；记人好处，帮人难处，诚恳对人，以理服人；对人真诚，为人厚道，心地善良。不但会受到人们的尊重，还会让大家更加信任，走到哪里都会受人欢迎，做什么事都会有人相助！一个有德行的企业或者人真诚实在，不会为了利益，昧了良心，不会为了钱财，失了品行。作为企业家，如果不讲道德，就不可能服众，员工也不会长久跟你一起创业打天下。正如常人所言，无德不养财。

第一部分
树德与守正是企业经营之根

二、做人就是修德

作家梁晓声说，人有三命：天命、实命、自修命。"天命"是父母给的，无法更改选择，应坦然接受。"实命"就是生活经历给你的，是每个人必须实实在在去经历的，只能自己领受，是无法逃避的。但只要靠智慧的大脑，勤劳的双手，一定能改善自己的生活状况和现实处境。"自修命"就是要靠自身不断的修为，才能成为被别人尊重的人。"修为"就是通过学习和思考，把书中和他人表达出来的做人做事的正确道理、优秀品质，融入自己的思想观念，以指导行为。我们把这个过程称之为"修德"。外财不富无德人。只有在德行的衬托下，才能真正地拥有财富。

所谓修德，就是积德行善。积德不但是积累自己的道德和德行，还包括积累自己的能力、素质、经验和福气；行善不仅是做好事，做善事，还包括思想和处事方式正确。社会需要优良品德，对于每一个人、组织或企业，好品德都是成功的坚强推动力！

三、做事必须讲德

古人曰："树高者鸟宿之，德厚者士趋之。"《菜根谭》中说："德者事业之基。"德为导向，才是基础；德靠才来发挥，才靠德来统帅。相对于才而言，德更为根本。仔细观察，我们不难发现：很多成功者无论做人还是做事，都有着优秀的品德。翻开中国历代兴衰史，最后取得成功的君王，不仅本身拥有特殊的能力，同时还具有谦虚、宽容、体谅等品德。一个领导者一旦缺乏德行，就无法赢得部下的尊敬，难以成就大业。

在现实社会生活中可以看到，无论你权力多大，钱再多，没有德，再多财富也保不住。因为，以工具理论性为标志的"智力"，一旦掌握在坏人手里，给社会造成的危害将是巨大的。品德拙劣的人，一有机会就可能做出有损于组织的事来，社会、单位都不会安宁。正所谓："有德有才是正品，有德无才是次品，无德有才是废品，无德无才是毒品。"

在企业界，企业老板的人品德行差劲，企业随之倒闭的现象屡见不鲜。如某市有一家很有地方特色的餐饮公司，很受食客青睐，常常顾客盈门。但老板"非法集资"被处罚后，企业也就销声匿迹。因此，德行就是人品，修德就是提升人的品质；做人就是修人品。这些做人的基本道理，要在企业经营管理中，转化为自觉行动，以体现自身的德行。

四、有德才会"靠谱"

当今，靠谱的人则是值得信赖、有担当、靠得住的人，给人一种踏实感。那些说话办事没"准头"的人，称之为不靠谱的人。做一个靠谱的人，是德的重要表现。靠谱的人，有较强的责任心，为一切可能发生的变量兜底；靠谱的人，实事求是，没把握的事不轻易答应，答应过的事一定做好；靠谱的人，有担当，不逃避，越是形势恶劣，越要让身边的人有安全感；靠谱的人，心怀善意，会全心全意待人。

熟悉俞敏洪的人知道，每次公司遇到危机，需要有人来扛的时候，

第一部分
树德与守正是企业经营之根

他永远是冲在最前面的那个：2003年"非典"期间，教培机构停课，学员大面积申请退费，俞敏洪亲自跑遍各大银行，借来700万的救急资金，帮助新东方挺过最困难的时期；2021年遇上"双减"政策，新东方市值暴跌90%，又是俞敏洪带领公司转型，在直播行业闯出一条生路。有不少合伙人，明明能在其他平台获得更高报酬，可还愿意留在俞敏洪身边。他们的答案是：俞敏洪有担当，给人一种踏实感。

可见，靠谱不是一种才华，而是一种人品。当你让所有你遇到的人感到踏实，所有人都将是你成功路上的好帮手。一个人处世最大的资本，是骨子里的真诚、善良、责任与担当。聪明人很多，但不是每个都值得相信和托付。人品好的人，也许不被才华的光环所笼罩，但那份靠谱值得被命运眷顾。和别人相比，你可能没有高超的技术，没有丰富的经验，没有出众的智商，没有雄厚的资本……但这一切都不妨碍你成为一个靠谱的人。无论时代如何发展，做一个靠谱的人都是很好的选择。

第二节　厚德为经商者之本

一、小企业靠德而成长

有人说，小企业靠智，大企业靠德。我们认为，无论大小企业，要做好都要靠德。因为小企业都是靠德做大的；大企业都是靠德做久的。

没有德行的企业无论大小，都无法摆脱倒闭的命运。

在德这个问题上，可把企业老板分为三个层次的人：上为厚德，中为少德，下为缺德。爱财不贪、合理分留、奉献社会才能进入成功老板的行列。不贪腐、有干劲、有理性，对员工负责、对资本负责、对社会负责，这是老板之德。厚德必有厚报，企业必顺风顺水；少德一定是少报，企业生存发展多难；缺德必遭报应，企业命短早亡。

王永庆之所以能成为巨商、大企业家，与他良好的德行有极大关系。王永庆早年开米店起家，在大米生意领域，他以自己的厚德品质，把手中的米变得很不一样。首先，他会认真地把米里的沙子挑出来再卖给顾客。其次，他还首创了送货上门的做法。而且，在上门之后，还会量一量客户米缸的大小，并请教客户吃米的习惯及全家有多少大人和孩子，回去后便算出客户多久会把米吃完。等下次客户买米之前的两三天把米送到家，免除了客户临急没米下锅的麻烦！最后，送米时还把客户的旧米倒出来，清扫米缸，将新米倒在底下，再把旧米倒在上面。王永庆正是依他这股看似傻傻的"德行"，把自己的小小米店发展成为驰名世界的大企业。

二、厚德方能成就大业

《周易》中有一句人们耳熟能详的话叫"厚德载物"，意思是做人做事不但有德，而且要有厚德。一个人德性内涵丰厚，对社会贡献大，才不被所得到的名利压垮。人无厚德便无法成就大事。德性丰厚，方能得

第一部分
树德与守正是企业经营之根

到别人的尊重，也才有可能获得人生的成功。一个人的地位越高，名声越高，财富越多，越要求你有深厚的德行。曹德旺在教育子女时曾打了比方："人生中的每一件事，都是你盖历史大厦的一块砖。某一块砖用坏了，你盖很高的时候，压力一大，那个地方经不起推敲，大厦就摧毁了。"一个好人品，是人生这座大厦中，最为坚实的地基。积德行善是做人经商需要永远坚持的，厚德必会助创业者不断走向成功。有道是：一个人的名声不能大于才华；一个人的财富不能大于功德；一个人的地位不能大于贡献；一个人的职位不能大于能力。

例如，陈嘉庚先生的父亲去世时，留下了二十余万元的巨债。按常理说，儿子不必承担父亲的债务，然而陈嘉庚认为，信以处世、厚德为人是做人的基本要求，做生意更要以厚德做人为先。于是他暗下决心还清父债，以免遗憾。他与债权人商议后，真的很快就还清了欠账。陈嘉庚由此获得了出乎意料的信誉。后来他把经商挣来的钱，全部用于祖国的教育事业，使"嘉庚精神"薪火相传。

三、厚德才能成为良商

当今的企业经营者，受惠于党和政府的帮扶和社会的认可支持，走上了先富之路，应该成为带领群众致富的人，对员工负责、对顾客负责、对资本负责、对社会负责，才是有良心的企业家。也只有这样的老板，才会吸引更多的合作者。

从道德评价来看，利人的行为都是合于道德的，尤其是为了他人利益而牺牲自己的利益更是值得称颂的。而损人的行为都是不道德的，如果是损人利己则更为人所不齿。商业活动既符合道德又符合利益的行为，是最值得提倡的善行。

我们有许多企业追求"利益最大化"，这看上去并没有错，但必须建立在企业总效益扩大的基础上，而不是建立在损害社会或员工的利益上。眼前自认为聪明的人，只是"小聪明"；长远看是最愚蠢的人。唯一的办法是利人利己，在利己的同时，尽量减少损人，向"各方损益之和为零"攀登，做一个"德高望重"的良商。

四、厚德在于知错改过

德不是一次性的获得品，不仅需要常积，而且需要勇于认错改过才能厚德。如果常犯错误、违法乱纪，伤害社会及他人，何谈厚德之有呢！只有不犯错误或知错就改、立功补过，才能追求厚德。人在成长过程中，由于种种原因难免会犯这样那样的错误。只有不断改过自新，再加上不断行善积德，才能成为厚德之人。

古人云："闻过则喜，知过不讳，改过不惮。"有了过错，就要知错，矫其心、正其行，方能知其错、悔其事、改其过。然而现实中，有的人虽然明知有过错，却不悔改、固执己见，为其错找理由开脱，其过益大；有的虽然承认过错，却言行不一、光说不练，其过益深；有的虽然在改过，却重蹈覆辙、屡改屡犯，其过益重。这些都是不重修德的缘故。真正重修德的人，改过并非难事。

第一部分
树德与守正是企业经营之根

第三节　商德的核心是诚信

一、诚实守信是人类社会的精神坐标

所谓"诚实",就是说老实话、办老实事,不弄虚作假,不隐瞒欺骗,不自欺欺人,表里如一。所谓"守信",就是要"守诺言""讲信用",也就是要"言而有信""诚实不欺"等。

"诚实守信"是人类社会千百年传承下来的道德传统。从"勿自欺、勿欺人"的"言而有信",到"人而无信,不知其可也"的"立身之本",以及"人之所以为人者,言也。人而不能言,何以为人？言之所以为言者,信也"。在中国古代传统道德中,"诚实守信"占有很重要的地位。中华人民共和国成立之后,党和政府把"诚实守信"提高到党的建设的高度。毛泽东同志提出"实事求是"之后,周恩来、刘少奇、邓小平等同志也都对"诚信"问题提出了明确要求。这都充分说明,"诚实守信"不仅是传统美德的要求,也是革命传统的重要要求。党的十八大强调,积极培育和践行社会主义核心价值观,把其中的"爱国、敬业、诚信、友善"八个字,特别是"诚信"作为社会主义道德建设的重点内容。诚信是人和人在社会交往中最根本的道德规范,也是一个人最主要的道德品质。如今"诚信为荣,失信可耻",已深深扎根于中国人的心中,规范着人们的行为。

在现代社会中,随着社会主义市场经济的不断发展,"诚实守信"在社会政治生活、经济生活、文化建设和道德风尚等各个方面,日益显示出它的重要地位。

二、诚实守信是市场经济秩序的基石

在市场经济的激烈竞争中,在利益的诱惑与驱动下,消极因素,如拜金主义、享乐主义和极端个人主义的滋生,对经济秩序产生了不可忽视的影响。在经济交往中,假冒伪劣、欺诈欺骗、坑蒙拐骗、偷税漏税的歪风,制约着经济的发展。只有使参与竞争的大多数人自觉守法,才能够避免"法不责众"的混乱局面,才能真正发挥法律的作用,才能保证市场经济秩序的正常运行。

市场经济,是交换经济、竞争经济,又是一种契约经济。因此,如何保证契约双方履行自己的义务,是维护市场经济秩序的关键。一方面,我们强调市场经济是法治经济,用"法律"的手段,来维护市场的"秩序";同时,我们还必须用道德的力量,以"诚信"的道德觉悟,来维护正常的经济秩序。市场经济的健康运行,不仅靠对违法者的惩处;更重要的,要使大多数参与竞争的人,能够成为竞争中的守法者,成为一个有道德的人。如果没有道德品行,没有荣辱观念,没有羞耻之心,都信奉"自私自利""损人利己"的价值观念,人们就会想方设法以各种手段获取利益,人和人之间的交往就无法进行。社会失去了"诚实守信"

第一部分
树德与守正是企业经营之根

的道德基石,失去了"诚实守信"为荣、"背信弃义"为耻的舆论氛围,市场经济的正常秩序是根本无法建立起来的。"法治"和"刑罚"着重于惩罚那些已经违法犯罪的人;而道德教育则着重于对违法犯罪前的教育和预防。因此,在社会主义社会中,"诚实守信"对克服"市场"的消极方面和负面影响、保证社会主义市场经济沿着社会主义道路向前发展,有着特殊的指向作用。

三、诚实守信是企业生存发展的商德

首先,诚信是企业的"立身之本"。社会要求企业应有一个道德底线,即不造假、不伪劣、守信用、讲质量。否则,将无立锥之地。企业不讲信用,不仅是危害企业的稳定和发展,使企业经济上蒙受损失,而且会使企业失去生存的基础。在不讲诚信的条件下挣了钱,却未必是赢了;在讲诚信的条件下亏了,却未必是输了。前者不守商誉,无法长久;后者赢得人心,终能成功。这是因为,商业声誉包括公司声誉、品牌声誉或者企业老板声誉等,这些都建立在诚信的基础之上。商业活动其实也是一种人格活动,人心的交流。人格是实实在在的,也就是诚信,它或许是无形的,但丝毫没有减弱其真实性。

企业与环境相对,但企业自身也是环境:企业首先是与之发生联系企业的环境,尤其是对上下游产业链的企业来说。同时,企业又是自身的环境。只要我们尊重合作企业,尊重对手企业,尊重一切与我发生联系的企业,那么别的企业也会尊重我们,成为我们这个企业发展的环境。

我们企业诚实守信，相信多数与我们有关联的企业也会诚实守信，营造出信用环境。

诚实守信作为市场经济的内在要求，便成为企业经营者的必备品质。诚信的企业能行天下，失信的企业寸步难行。不论对于组织机构还是个人，欺骗只能得逞一时，却不会最终成功。管理如果没有信赖，组织机构就不会信任自己的成员，成员之间也会相互猜忌。如果人们之间相互猜忌，那么团队精神和相互协作就成为一纸空文，企业也就谈不上壮大和发展。

其次，诚信价值观带来财富。人生立于世间数十年，要真正做个对社会有所贡献的成功人士，光靠"知识"是不够的，还必须有诚信的价值观作指导，否则，知识也可能成为滋生罪恶的工具。企业经营者仅靠精明和能力也是不够的，要想获得更多的财富，同样需要诚信价值观把企业办好。

核心价值观是企业的一种信仰。它表达的是对人与诚信等根本性问题的看法，是一个企业的灵魂。企业价值观是企业的精神、思维方式和行为方式，是指导企业所有行动的根本原则。企业的诚信价值观也就决定了企业按诚信做事的行为。长此以往，企业必然建立和维护了自己的信誉和品牌，也就形成了以企业诚信为主要内容的无形资产。如果个人和企业能够凭借自己良好的品行和经营行为，让政府、银行、客户和消费者认可、信任，那么你的无形资产必将不断增加，必然吸引合作者，财富便跟随而来。

我们常常在现实中看到：那些寿命长，一步步做大的企业绝大多数都是讲诚信的企业。那些不讲诚信的企业，往往没有做大就消失了。因

第一部分
树德与守正是企业经营之根

此说，诚实守信的经营者，才能使人放心，赢得信任，为自己争取到致富的机会。例如，"全聚德"在100多年的经营发展过程中，始终坚守以诚信为核心内容的企业文化，始终遵守着"仁德至上"的商业公德。诚信经营奠定了全聚德饮食经久不衰的地位。

最后，诚信是对企业的规范约束。诚信是企业一种最软最恒久的约束，诚信也是一种最硬最见效的约束。这种约束来自企业深厚的文化内涵。诚信又是企业投入最低、产出最高的约束，它可以随企业的发展而延续。任何企业只要想成为一个真正经济学意义上的企业，最基本的一条就是具有诚信的约束。

在市场经济中，越来越多的工作必须在合作的基础上展开。而合作需要互信，互信的根本就是诚信。诚信将成为社会对个人及公司行为的最起码的要求。立法机构、金融机构、媒体、公众及政府有关单位都是诚信的监督者。讲诚信的企业，也许诚信未必马上会给你的企业带来多少实际利益，不诚信的个人和公司将被列入"黑名单"，市场马上就会给你一记重罚，难以生存和运行。特别是在自媒体普及的情况下，诚信已经成为现在信息商业最根本的存在条件，任何人都可以提供信息给其他人，任何人都可以出售产品给他人。所以，一个人的信誉将更公开，诚信有问题的人将无法生存。

四、诚实守信是企业文化的重要内容

"忠者不饰行以徼荣，信者不食言以从利。"一个对事业忠诚的人，不会刻意地去求虚伪的荣耀；一个信守商德的企业，不会因为一时之利、一己私欲而违背自己在市场中的承诺。要成为诚实守信、信守商德的企业，就必须将"诚实守信"建设作为企业文化的重要内容和抓手，务必抓紧做实。一是认真制定诚信经营准则，使企业明确自己的社会责任和使命，明确企业应该为国家、客户、员工做些什么；使员工明白什么是诚信经营，怎么做符合诚信经营准则，怎么做就违背了诚信经营准则。二是企业经营者要注重自律率先垂范，己正才能正人。诚信经营准则是经营者制定的，自然需要他们率先执行。三是加强诚信经营教育，丰富员工的诚信经营知识，提升他们的诚信经营水平，使诚信成为思维习惯和行为习惯，把企业建设成为一个诚信型组织。四是建立诚信经营的奖惩机制，在提拔、奖励员工时，将他们的诚信经营业绩和信仰作为重要依据。相反，对违反诚信经营准则并给企业形象和利益带来损害时，就给予必要的处罚。从而，使"诚实守信"能够深入人心，形成风气和浓厚的舆论氛围，使诚实守信成为每个员工必备的素质。

第四节　守德才能依法经营

一、道德是法律的基础

　　人可以自私（当然并不鼓励这样做），但决不容损人。不自私和不

第一部分
树德与守正是企业经营之根

损人是道德和法律的界限，道德要求人们不自私，而法律只要求不损人。然而，不损害别人的行为尽管不违法，仍有道德上的是非善恶之分，社会会依据道德风尚作出评论和判断。同时，在对犯法者的量刑上，也会考虑道德影响作出判决。

人与人打交道崇尚"礼尚往来"，这也是道德。人们遵从道德约束，成为习俗，以至于习以为常，不觉得是约束。法律则不然，大多数人一辈子既没有学过法律，更谈不上打官司。更重要的是，我们所追求的幸福社会，不是法制严密、执法无情、动辄得咎、处处提防的社会，相反，是人人觉得被别人尊重、与人为善、安居乐业、和谐融洽的社会。

二、市场需要道德支持

市场经济秩序要依靠法律来维护，这一点已普遍地为人们所接受。也有人认为市场经济就是要讲利益，讲利益就没有道德发挥作用的余地了。其实，这是极大的误解。市场经济需要法律，更需要道德。市场经济需要道德约束的原因之一是，道德约束与法律约束相比较是成本非常低而效率最高的一种约束。大家都知道，打官司是很费钱的事，个人为打官司要支付成本，社会还要为了维持法治支付更大的成本。

道德是每个人发自内心的约束，它不需要人监督，没有诸如监狱一类的执行费用，更没有犯罪之后判刑对个人造成的损失。如果一个社会的道德风尚很好，这样的社会是经济效率最高的社会。因此，市场经济需要法律，更需要道德。

三、依法经营还需讲德

依法经营是企业生存发展的基本条件，但还需要道德加以辅助，才能使前进路上走得更好更快。道德是一种鼓励人们向上的积极力量，它促使人们去关心别人；而法律则是对侵犯别人利益行为的被动制裁。道德在一个人采取行动之前对其行为动机发生作用；而法律只对行动的后果有效。道德每时每刻都在对思想进行劝导，而法律则绝不能对仅有犯罪动机的人处刑，因为动机是不需要也不可能有证据的。

市场经济是法治经济，是建立在市场规则的基础上的。借钱要还，交货要按时，对顾客要诚信，对质量要负责任，没有人可以例外。然而仅仅依靠法律是不够的，因为我们希望建立的不仅是一个有法可依、循规蹈矩的社会，更是一个有人情味的、生活在其中感到融洽和温暖的社会。只顾法律而不讲道德，会导致一种冷冰冰的、随时随地要提防别人钻空子的人际关系，更不用说法律是一个"昂贵"的工具，多数人都害怕被卷入费时耗钱的法律纠纷中。要做到这一点，必须借助于道德。道德是出自每个人内心的自我约束，它是没有过多社会成本的。一个道德良好的社会，必定是一个经济上高效率的社会，同时又是一个能给人幸福感的社会，任何时候强调道德的力量都不会错。

同时，市场经济的道德包含了传统道德中一切优良的成分，它是用爱建设起来的，是用同情心作为出发点的，所以"己所不欲，勿施于人"。市场经济的道德特别强调人与人的对称和平等。没有任何人可以凌

第一部分
树德与守正是企业经营之根

驾于他人之上。对待上司、职工、同仁、商业对手、家庭成员等，都要用平等的态度，不可以仗势欺人，以为有钱便可颐指气使，没钱就要低三下四。平等待人的必然结果便是尊重一切人，礼貌待人。在与人打交道时懂得体谅对方的困难，认真考虑对方的要求，有灵活的态度和准备妥协的精神。这不仅是从商之道，也是社会中每个成员应有的修养。你的经营活动，即使完全符合法律规定，如果缺乏人情味，不考虑他人的实际利益，违背道德规范，也会被社会唾弃。

第二章 厚德源于高尚的人品

　　良心、感恩、善良是人品的重要体现，也是厚德的源泉。"三足鼎立"方能撑起人生的大厦；"三大基石"才能抬高厚德的大山。有的人"精明而不成""怀才而不遇"，或许能从这里找到原因。

第一节 凭良心是做人做事的基点

一、良心是人生的出发地

　　王阳明《传习录》里有一句话："身之主宰便是心。"这里的心主要是指人的"良心"。心理学研究证明，人的思想、言论和行动都是由心所决定。一个人如果没有良心，也就没有未来。良心是一个人的本心，良心要是不好，做任何事就不会有好结果。国学大师曾仕强说，中国人的信仰是凭良心。不凭良心，任何法律、道德、制度都难以对他们产生绝

第一部分
树德与守正是企业经营之根

对的约束力。任何法律、道德只有在"良心"之上才能产生应有效果。

凭良心是经商者的底线，虽然凭良心经商暂时不一定能成功，而昧良心是肯定不能成功的。公司经营失败，通常有很多原因，然而就老板而言，只有两个原因：一是自己的良心出了问题，不凭良心致使自己坐牢或败事；二是别人的良心出了问题，不凭良心和老板对着干。两个原因一起看，那就是良心的力量，可兴可败。所以，老板首先要守住做人的这块"方寸"之地，绝不能被金钱欲望所替代。有不少企业老板常对社会承诺说，要做有良心的企业、有良心的企业家！这是他们对良心的准确认知。他们从良心出发做企业，等于走上了成功的征程。

二、凭良心是做人的责任

"良心"意为仁义之心，包含恻隐、羞耻、恭敬等情感。良心缺失的表现多种多样，主要有：侮辱父母师长、抛弃未成年子女、恩将仇报、不守信用、剥削敲诈、贪污受贿、坑蒙拐骗，等等。有的人对自己不讲良心的行为，不以为耻，反认为是本事。失去了做人的资格，做事肯定要失败。

良心是人品的基石。人品比学问重要，比才能可贵。一个人不管多聪明，多能干，没有好人品做支撑，那就是空中楼阁，迟早都要崩塌。无论经商办企业或在哪行哪业，最后成功者，通常不是那个最狡猾、最会动歪脑筋的那一个，反而是那些人品过关的人。因此说，人品是好工作的"敲门砖"，好职位的"守护神"。甚至在关键时刻，它直接决定着你一生的成败。

用老百姓的话说：良心是天，是不可触犯的"天理"。没啥不能没良心。如果无视良心之"天理"，无论钱再多、权再大、名再高，也会遭人唾弃。那些"灰头土脸"、遭法律制裁的人，绝大多数是不讲良心之人。而那些借钱为员工发工资的企业老板，遵循"父债子还"传统的人，都是"天理良心"尊崇者。讲"天理良心"的人，就是对自己负责任的人。

三、有良知方能成就人生

良知是良心的升华，是人格化的表现，也是良心自我发现后所产生的有利于他人的言行。良心和良知的区别是：良心是一个人的本性，做好事是应该的，做了坏事会感到内疚。良心是基础，良知是在良心基础上的知识和见识。"良知"更深刻，他需要人对自己内心世界的深刻检讨，深刻拷问。良知是一种判断，是知其良辨其良，是一种智慧。只有守住良心，行于良知，才能福报无穷！

世界著名企业星巴克公司在2008年金融危机爆发时，遭遇前所未有的困难。股东纷纷要求创始人舒尔茨取消临时工的3亿美元的医疗保险。舒尔茨断然拒绝了这一要求，说："只追求利润那不是我们的价值观。"舒尔茨的这番话不仅说服了在座的董事，更让公司普通员工感动不已。此后，在所有员工的全力支持下，舒尔茨最终带领大家度过了危机，星巴克入选全球最佳品牌百强榜。有人说，舒尔茨用他的良知创造了一个商业奇迹。那些以种种理由长期拖欠员工工资和降低职工待遇的人，迟早要为自己毫无良知的行为付出代价。

第二节　知恩感恩是做人做事的动力

一、知恩感恩是人之常情

在现实生活中，我们常常会看到"羊羔跪乳、乌鸦反哺"的现象，也常从民间传说中听说不少有关狼、乌龟等灵性较强的动物，被人救了后报恩的故事。

树高万丈不忘根，人若辉煌莫忘恩。自古以来，感恩的行为作为人们健康性格的表现，也在人类社会中流行。在中华传统文化中，"感恩戴德，感恩图报""谁言寸草心，报得三春晖"等表达感恩的语言传颂千载。中华民族自古以来就是一个知恩感恩的民族。清明节的来历是人们感恩先人的重大节日，人们上坟祭祀先祖，就是沿袭这种感恩的精神。祭祀祖先培养了一个人深厚的知恩报恩、饮水思源的意识。站在先人的墓前，就更加明白：我是谁，从哪里来，到哪里去，从而产生光宗耀祖，报效国家的想法。

世界著名诗人雨果也曾说："卑鄙小人总是忘恩负义，忘恩负义原本就是卑鄙的一部分。"懂感恩才会被人们看得起，才会愿意与你交往。只有回报别人的帮助，才能展示你的良好品质。我们有一些创业者，亲友借钱给他用，不但不及时还钱，还以种种借口推脱，甚至还说些别人"就不该要"的话。这样的人，连做人的底线都没有，实在是让人瞧不起。

二、先富者应该感恩社会

自古以来就有"滴水之恩，当涌泉相报"的说法。回报，就是对抚育、培养、教导、指引、帮助、支持乃至救护自己的人心存感激，并通过自己十倍、百倍的付出，用实际行动予以报答。我们也时常听到或看到，人获得帮助后报恩国家、组织或当事人的真实故事，都说明感恩回报，不仅是人生精神世界里不可或缺的重要部分，也是社会文明的具体体现。

作为创业的老板来说，抓住机会成了先富之人。自己的成功毫无疑问有自己的辛劳，但不能忘记这是党的方针政策，政府和社会方方面面支持帮助的结果，不能把一切功劳都算到自己头上。应当在解决了自身温饱之后，怀抱感恩之心，力所能及地救助社会上的贫困者，并继续努力，不断做好做大企业，为国争光，为中华民族伟大复兴添砖加瓦，为增加税收、安排就业、满足消费需求等经济社会发展作出积极贡献，带领企业员工逐步走上共同富裕之路。如任正非带领员工拼搏奋斗，报效国家，就是很好的例证。

三、懂感恩才会内生动能

懂感恩才会得到更多人的帮助支持。从长远来看，在创业路上要走得顺畅，就得不断地铺路，就需要赢得更多人的支持和帮助。如果你不懂感恩回报，别人就会认为你是一个不靠谱的人，就会远离你。当你再遇到困难需要他人帮助时，因你口碑欠佳，即使过去关系密切的人，也会放弃帮你的想法。懂得感恩回报的人，在他人眼里是个值得信赖的人，不仅能得到别人的尊重，还能获得更多的支持和帮助。在这样的社会氛围里，你在生活和事业上遇到困难会容易得到帮助和解决，成功的路就会走得更顺当。需要指出的是，感恩应有理解和包容。别人给了许多帮助，偶尔一件事因故没帮上忙，就抱怨不断，是一种不健康的负面情绪。党和政府长期坚持民营经济"两个毫不动摇"的方针政策和营造良好的经营环境，但有时候落实政策不够到位，还有些不尽如人意的地方。我们应当在理解的基础上，帮助其不断优化改进。不可产生抱怨抵触情绪，更不应以消极经营、撂挑子表达不满。应以正能量的感恩之心，感恩各级党和政府为企业提供的良好营商环境；感恩社会各方面给予企业的理解和支持；感恩企业员工帮助自己实现了致富梦想。并以感恩之心为动力，努力把企业做好，回报社会。

第三节　懂善良可自身安宁成大事

一、不断积善方可德高望重

善，意思是心地仁爱，品质淳厚，共同满足为善。《三字经》开篇就说："人之初，性本善。"明确指明了"善"是人的本质属性，非善之人则无人性也。曾子说：人而好善，福虽未至，祸其远矣。你行善积德，就算福还不到，祸却已经远去了。与善良之人相处，不必设防，心底坦然。善良是一种高贵的品质，崇高的境界，是精神的成熟，心灵的丰盈。

在人类社会中，善根深于人的本性，源远流长，生生不息，推动着人类朝着最终的方向"向善向上"，使善良成为人性中最重要的品质。人与人之间都是相互的，有时候对别人的善意，最后会成全自己。赠人玫瑰，手有余香；扔人泥巴，手留肮脏。正所谓，做人留一线，日后好相见，给别人留路，就是给自己更宽的路。只要人心向善，所有的问题都可迎刃而解。

人性的两端是善恶，事物的两端是好坏。命运如何，全在自己。若想自己得到别人的尊重与善待，就要严于律己，端正自己的言行。对企业经营者来说，首先要有一颗善心对员工和社会，物质上可根据自身情况施善；当企业发展壮大后，可依据企业盈利的情况，不断增多施善的体量，决不可做恶事。因为做恶事会把你推向法律和道德的深渊。

二、与人为善，人缘好事易成

《孟子》说："善与人同，舍己从人，乐取于人以为善。"善良在人与人的交往中，主要表现为"与人方便"。与人方便，就是与己方便。往深入说，主要体现在三个方面：一是低调做人。大海之所以浩瀚，是因为它处在低处。做人也一样，低调者往往能成大事。低调是一种大智慧大格局，如果一直太过炫耀，太过招摇，不仅他人会疏远你，还可能引来灾祸。二是尊重他人。只有你先尊重了他人，才能赢得尊重，既赢得了赞同，更赢得了人心。尊重别人的劳动、亲人的付出、他人的选择、别人的价值观念习惯等，是一个人有教养的重要体现。三是换位思考。能从不同位置看别人，也能从不同角度看自己；懂得替人着想，才有人替你着想；懂得为人付出，才有人为你付出。"己所不欲，勿施于人"，就是将心比心，自己不喜欢，不想要的东西，不强加给对方。同样，自己喜欢，想要的东西，也不能强加给对方。因为每个人都是独立的个体，自己的好恶，并非别人的好恶，不可强迫别人做什么不做什么。换位思考，相互体谅，才是一个人的顶级智慧。只有这样，路才会越走越远，越走越宽。

三、施善靠心也要讲"真"

施善不仅是一种行为，更是一种心境的表达。仅仅用钱和物质的东西表达是一种误区，重要的是要有一种"真心"。古代《杂宝藏经》一书中讲一个人即使没有钱，也同样可以做七种布施：一是"眼施"，以善意的眼神去看别人；二是"颜施"，可以微笑着与别人相处；三是"言施"，对别人多说鼓励的话、安慰的话、称赞的话、谦让的话、温柔的话；四是"身施"，以行动去帮助别人；五是"心施"，敞开心扉，诚恳待人；六是"座施"，乘船坐车时，将自己的座位让给他人；七是"房舍施"，自己的住房供别人休息。

"真心"施善还应注意以下几点：一是施善不分大小。《三国志》中说："勿以恶小而为之，勿以善小而不为。"小善也是善，积小成大，积少成多，小善就会变大善。只要坚持不懈，适情为之，同样会受到社会赞誉。二是施善应辨是非。施善前应辨清社会上的善恶人事，对善人善事可行，恶人恶事应拒之。不可认为所有人和事都是善良的，要分辨清楚再行事。青红皂白不分，是违背道德人性的。在企业经营管理中，应分清是非。如果对员工和客户的不良行为施善纵容，企业因此而遭受损失或倒闭，就是对全体员工及社会的不善。三是施善不可"伪善"。施善不是为达到一种不良目的的工具。有的企业为在社会上有个好名声，拿一些财物出来，在媒体上"露露脸"，有的甚至拿钱去换取名誉、地位。这种"伪善"行为很容易被识破，结果形象会更丑陋，不仅好名声长不了，甚至会导致人财两空。

四、企业需要靠善良作支撑

　　真诚的善良被人们视为经商的"铺路石"。纵观企业发展史，"长寿企业"的掌门人无不是善良之人。具体表现为：一是以"仁"为上。"仁"即真诚的善良。人们常说的"仁者寿"，就是善良的人能长寿的意思。企业也一样。"为富不仁"往往是企业失败的原因。二是以真诚换忠诚。人心都是肉长的，以诚才能换诚。对员工真心爱护，才能赢得员工真心爱戴。在全体员工团结一致的努力下，公司不断发展壮大。三是以真情补制度。实践证明，仅靠制度本身管理企业是不够的，还要对员工晓之以理，动之以情，让制度深入人心。只有将管理者善良的真情融入其中，作为补充，才能使制度落到实处。正如一些企业家所言：充满快乐的企业，才是最好的企业。

第三章　厚德需要守正做基石

"正"是中华民族几千年来不懈的追求，也是事物发展的基本规律。"守正"已成为当今人们做人做事的行为规范。企业要发展，首先要拼"守正"。在经商的路上，能快则快，可慢则慢，不走邪路，才是正确选择。只有守正，才能树德厚德。

第一节　守正是做人做事成功的前提

一、"正"是社会对人的基本要求

所谓"正"就是合乎规范、合乎法则、合乎道理、合乎规律。"正"，也就是非常好的意思，是对客观存在的真实性表示肯定，是符合法则、符合道理的表达。"正"与"歪"相对，不偏斜。社会的法律道德对人的要求，就是要做一个正直、正气、正派、堂堂正正的人；对做事的要求

第一部分
树德与守正是企业经营之根

就是正义、正道、正当、正规、光明正大等。一个人只有按照以上这些社会对人的基本要求做人做事，才能成为"一个有利于人民的人"，才会得到社会的尊重和支持。否则，不按正的要求去做，行走在"歪门邪道"上，必然要受到法律、道德的惩罚。

二、探索求正方能正道前行

"路正则行远""路邪则命短"。开车离不开方向盘，行船离不开罗盘，目的是保持在正确的主航道上前行。驾驶者的重要工作就是把握好方向盘，对道路上遇到的情况及时做出校正，避免走错道或发生事故。一位哲人曾说："只有纯正的主义才能产生纯正的利益之果。"这里所说的"纯正主义"，就是正确的思想观念。在人生前进的路上，可能会有来自各方面的干扰和诱惑，而使自己偏离正确的方向。只有不断探索求正，寻求正道，请教指正，才能不犯错误或少犯错误，不犯"颠覆性"错误，确保事业不断取得成功。

企业经营者在市场经济的大海中和生存发展的道路上，作为领航者或驾驶者的老板们，要时常停下来，动脑想一想，下车看一看，自己要走的路是否有偏差。只有时时依据道路情况，作出校正，才能沿着正确的方向乘胜前行。

三、守正就是坚持"正能量"

守正就是指恪守正道，胸怀正气，行事正当，追求心正、法正、行正。也就是当今社会所提倡的"正能量"。

"正能量"本是物理学名词，出自英国物理学家狄拉克的量子电动力学理论。能量分为正能量和负能量，它们有的是先天存在的，有的是后天产生的。正能量增加，则负能量减少；反之亦然。

"正能量"一词，借用于社会生活中，是指所有积极的、健康的、催人奋进的、给人力量的、给人智慧的、给人自信的、给人快乐的东西；是促进社会和个人积极向上的力量。正能量，既可以是一种处世的心态，亦可以是处世的方法。这些正能量的行为，是存在于内心的"正"的体现。

所谓"正"就是正能量，不是歪门邪道。"守正"就是守住心无旁骛做实业、依法依德经营的正道。社会学家认为，随着人类社会文明程度的不断提升，未来是一群正能量人的天下。因此，企业要发展，首先要拼"守正"，而不能靠"小聪明"，走歪门邪道。应当把主要精力从"投机取巧"只为挣钱，转向"守正"上来。在经商的路上，能快则快，可慢则慢，不可走向邪路，使企业稳健前行。

第一部分
树德与守正是企业经营之根

第二节 立正念,锻造正确的价值观

常言道:"一念天堂,一念地狱。"有不少犯了错误的人,在总结原因时也常用"一念之差"来表达。而众人所说的"念"是什么呢?我们认为就是"价值观"。人的价值观这一"差",就可能要"失之千里",使你的人生天地两重天。其实,价值观就是存在于人的头脑中的观念。正确的价值观是正念,错误的价值观便是歪念。正确的价值观会引导你走向成功,错误的价值观必然引导你遭受失败。包括企业经营者在内的人们之间的差距,从根本上说,就是价值观这一"差"。为此,解决好这个"一念之差"就显得极为重要了。下面就企业经营者如何就价值观"一念之差"求正念,谈几点看法。

一、在对"金钱"的正确态度上求正念

从根本上说,经商的路只有两条:一条是正路,为阳光大道;一条为邪路,为歪门邪道。在实际选择过程中,起决定作用的是对"金钱"的态度,往高处说就是价值观。马克思曾说,我们人类创造了商品和资本货币,我们又跪在它的面前向它膜拜。这段话,深刻揭示了一些商人对钱的态度。

拓局：创新基因与战略跃升

包括企业经营者在内的许多人，心中都有一个疑问：是"钱为人服务"还是"人为钱服务"？应该是前者，因为做人才是第一位的，人比钱重要。可是在现实生活中，把钱与人的关系搞颠倒了，正如马克思所言，人成了钱的奴隶。当初创业，目的是养家糊口，让生活过得好一些。在这个阶段，"钱为人服务"是正常的。随着钱的数量不断增多，从几千万到上亿。按常理说，"钱为人服务"的原理应该继续下去，由为自己变为他人的阶段。虽表现方式上有所变化，但根本上没变，还是"钱为人服务"。只不过是从物质层面，转到了"精神服务"层面；使自己从"小我"成为人们尊敬的、社会敬仰的"大我"。

"金钱"的作用犹如硬币本身那样，有正反两面。坚持"正面"，拒绝"反面"，把握好"度"，才是正确态度。企业经营者创业为挣钱是办好企业的一种动力，不仅推动了生产力的发展，为社会增加了财富，而且创业者也通过赚钱这个媒介，认识世界，认识自己；通过赚钱的行为现象，也让自己知道什么钱可以赚，什么钱不能赚。赚钱合法、合理、合道、合度，这本身也是一种修行！所以，必须坚持"会挣钱，用好钱"两个原则。所谓"会挣钱"，就是"取之有道"。抵制钱的诱惑，不要贪婪，学会吃亏，靠本事吃饭，不可"因贪利而失去理智"。所谓"会用钱"，就是要把挣来的钱用到正地方。除了用于自身和家庭的正常消费外，多余的要投资企业做大做强，为实现共同富裕多做贡献。如果把钱用来祸害自身、祸害国家社会，甚至将资金转移国外等，迟早都要为此付出代价，倾家荡产、身败名裂。

我们之所以把"对金钱的态度"，作为价值观的重要内容，是因

第一部分
树德与守正是企业经营之根

为"金钱"在人的头脑中占有重要的位置,在一定程度上左右着人的行为和人生方向,已成为判断检验一个人价值观正确与否的重要标尺。近些年查出有问题的官员,绝大多数是因"金钱"而倒下的。我们在日常所见所闻中,一些人为钱大打出手、六亲不认的屡见不鲜。可以说,对钱的态度是对人的关系最重要的考验,是"一针见血"的"试金石"。

我们要说的是:企业经营者不要被"钱"束缚在一个"小圈子"里,要目光远大。一是不要直奔"钱"这个"主题"而去,通过勤劳智慧、先舍后得获得;二是不要急功近利,可通过抓机会、把企业做强做大获得;三是在做人与金钱上,要把做人放在首位,人做好了,支持、合作的人多了,利润也就多起来了。

当然,我们也看到一些企业家和并不富裕的人,慷慨解囊向灾区捐款、救助他人的事迹。他们把钱用到了最好的地方,是一群懂人生价值的人。被称为首善的企业家曹德旺,对钱的态度是:老板不仅仅要赚钱,更要承担起应该承担的责任。承担作为企业家的责任,更承担作为一个中国人的责任。留给子女的不应是财富,而应该是智慧和人品。这就是曹德旺对待金钱的价值观,值得我们每个人学习。

二、在克服"小业主意识"中求正念

企业经营者中的"小业主意识"比较常见,产生的原因是多方面的。它的主要表现有:"企业是我个人的企业""员工是靠我养活的""外人是不可靠的""我的能力比别人强"等。这些"小业主意识"的长期存在，便形成了一些经营者的价值观。这种价值观，决定了企业经营者的经营方式和管理行为。如"任人唯家族亲人""事事亲自过问""扣发员工工资待遇""把主要利润收到个人腰包""对他人不尊重"等。经营者的这些错误价值观，严重影响了企业的生存发展，"长不大""活不长"便成为必然。要想改变这种局面，就必须将"小业主意识"转变为"大企业家意识"，形成正念为特征的正确价值观。一是把私转变为公，将"企业是我的"转变为"企业是全体员工的"，把员工从"对手"角色转换成"伙伴"角色，从而发挥企业全体员工的积极性、主动性和创造性。二是把"我养活了员工"转变为"员工创造了企业"。只有看到员工的创造大于员工的获得的事实时，才会采取多方努力，调动员工队伍的积极性、创造性，企业才能进一步强大。三是把"外人是不可靠的，家人是唯一可信赖的"转变为"只要重视员工的需求，大部分员工是值得信赖的"。只有在更大的范围内选择可信赖的伙伴和人才时，才能克服家族内部的种种弊端，促进企业健康成长。四是把"我的能力比别人强"转变为"集体的力量是无穷的"。只有充分发挥每位员工的长处、才能和智慧，才能实现"众人拾柴火焰高"的效应。

三、在持续不断自我反省中寻求正念

每个人几乎都有过犯错误的经历。有些人之所以拒绝反省，就是因

第一部分
树德与守正是企业经营之根

为他们害怕别人因此看轻自己。其实，一个人所犯的错误首先会被别人看到，而在别人眼中，问题会显得更加客观和透彻。为了小小的面子问题而不愿承认错误、不愿改进自己，是一种愚蠢的做法。

对于企业领导来说，虚心听取他人意见是自省和进步的先决条件。因为只有在反思中才能让自己时刻保持头脑的清醒，才能在追求卓越的道路上不迷失方向。一个人的力量终究有限，在瞬息万变的商业环境中，领导者必须不断学习，只有善于反思，善于接受批评意见，才能及时纠偏。否则将陷入一意孤行的泥潭，被市场所淘汰。

比尔·盖茨曾对公司所有员工说："客户的批评比赚钱更重要。从客户的批评中，我们可以更好地汲取失败的教训，将它转化为成功的动力。"同时，微软公司还鼓励员工畅所欲言，对公司的发展、决策、现状、问题乃至上司的缺点毫无保留地提出批评、建议或改进方案。比尔·盖茨总结说："如果人人都能提出建议，那就说明，人人都在关心公司的发展——这样一家公司怎么可能失去竞争力呢？"

自省需要形成习惯，才能在持续不断的反思中悟出正念。在每一次工作完成以后，要及时对工作结果进行评估和反思，列举需要改进和提高的问题，以便制定出一个切实可行的改进计划，让自己在有效的执行中完成自省和提高的全过程。当一个人站在公司领导者的岗位上时，他是否拥有事后自省的态度和勇气，将直接关系到他是否能在领导力方面实现从优秀到卓越的飞跃。

四、在坚持修炼正确价值观中求正念

人是观念的终生囚徒，头脑是世界上最大的监狱。如果只有近期的利益而无远期的目标，那将是一个企业家真正的悲哀。价值观已成为一种处理事情判断对错、做选择时取舍的标准，决定人们的行为方式，影响人们对于是非对错、轻重缓急的判断，主导人们对自己所置身的现实做出回应。

企业价值观的作用，就是在企业运营过程中面临矛盾，处于两难选择时，必须有个决定，支持这个决定的便是价值观。因此说，企业价值观是企业对市场、对客户、对员工等的看法或态度，它是企业表明企业如何生存的主张。华为的不断成功，一个重要原因是企业的核心价值观是以客户的价值观为导向，以客户满意度作评价标准。

从长远来说，企业老板的价值观修炼，着力解决守法和守德两大关键问题，不能给自己留下道德空白和法律空白。财富的多少，企业规模大小则是次要的，量力而行就好。老板价值观的修炼，还有一个重要任务，就是价值判断力的不断增强。人没有专门选择去做坏人干恶事，但结果并非如此，这是因为你缺乏价值判断力所致。因此，你只有具备了价值判断力，知晓了是非善恶，才能保证自己的知识和智力被用在正确的地方，不去做伤害自己和他人的事情。

第三节　明正位，准确找到努力方向

一、找到正确位置才有努力方向

《易经》中有"君子以正位凝命"之说。意思是说，君子应当摆正自己的位置，端正而稳重，凝聚精神，发掘智慧，以此来完成自己的人生使命，实现人生的最高价值。也就是说，站在正确的位置上，看世界，想问题，做事情，才不会偏离前进的方向，干事业才容易成功。

苏东坡的诗"不识庐山真面目，只缘身在此山中"，意思是说，没有看清"庐山真面目"，是因为你"身在此山中"。如果你站在山高处就可以看清"庐山真面目"了。我们所说的"正位"，就是在社会这个大棋盘上，找到自己应处的位置，也叫定位。只有定位准确，才能找准目标方向，成功则相对容易。否则，没有站到正确的位置上，或定位不准，就会迷失前进方向，盲目行事，就会犯大大小小的错误，造成失败。

古人云："知己知彼，百战不殆。"意思是说，无论是个人或组织在弄清他人的同时，还要清楚地认知自己的不足和长处，清楚自己所处的位置和所担负的责任，才不会失败。企业经营者的"正位"就是弄清自己的实力，以市场为导向，在政府的指导下，按照所在的行业和企业性质要求，开展生产经营活动。其目的是要为经济社会提供财富和服务，而不是违背规律规则。偏离了自己应有的"位置",就失去了正确的努力方向。

二、认识自己本身才能不断成长

人生在世,和"自己"相处最多,打交道最多,但是往往悟不透"自己"。两千多年前,在古希腊奥林匹斯山上的德尔斐神庙有一块石碑,上面写着"认识你自己"五个大字。这是思想家、哲学家和教育家苏格拉底作为自己的哲学原则写上去的。这足以说明人类认识自己的重要意义。

认识自己,关键的是认清自己的"敌人"。所谓自己的"敌人"就是和我们作对的人、阻碍我们的人、陷害我们的人、想要消灭我们的人;但是,真正的敌人不是他人,是我们自己。我懒惰,懒惰就是我的敌人;我怨恨,怨恨就是我的敌人;我自私,自私就是我的敌人;我虚假,虚假就是我的敌人。不净化思想,不培养正念,这样的身心都是我们的敌人。因为它们都阻碍了我们进步。不走正道,利用歪门邪道搞些坑蒙拐骗,受到法律道德的制裁,不就是自己成了自己的敌人?不努力尽职工作,令企业倒闭,自己失败,这不就是自己是自己的敌人吗?

王明阳说:"擒山中贼易,提心中贼难。"所以,要"降伏其心",才能降伏自己的敌人,也就是我们自己。对我们企业经营者来说,就是要降伏私心,多为国家、为社会、为他人着想,才能打败心中的敌人。

实践证明,真正认清自己要比认识别人更困难。我们认为,认清自

第一部分
树德与守正是企业经营之根

己应做好以下几点：一是认清自己的位置，远离傲慢，减少犯错；二是认清自己的价值，找到适合的位置；三是认清自己的能力，即认清自己的能力边界，懂得量力而行，明白什么事能做，什么事不能做，何时前进，何时止步；四是认清自己在别人心中的分量。无论在何种关系里，何种地位上，都不要把自己看得太重。人与人相处，最好的心态莫过于：亲疏随缘，爱恨随意。只有做到了这几点，才能不断成长，成功的概率才会大大增加。

三、认清企业特点才知量力而行

我们认为，多数企业有三个特点：一是产生组建的时间短。大都是在改革开放以后建立起来的，早期的有三四十年，中期的有二十多年，晚点的有十年左右。由于这些企业组建经营时间较短，自然在管理经验、实力积累、市场竞争力等方面有较大不同；二是个人自我投资运营。这些企业具有"自我投资、自我管理、自我发展、风险自担"等特征。与国有企业相比，其基础差、投资存量严重不足，获得资源的能力相差甚远；三是社会认可度较低。在获得资金、人才及相关政策等方面，难度较大。必须找准自身位置，发挥机制灵活、经营者内心强大的优势，既要有耐性，不急不躁慢点做，又要抓住机会"弯道超车"，更重要的是走正道，按法规办事，不可急于求成，贪得无厌。

具体而言，首先，在经营上要明确企业的社会定位和市场定位。前者是说你在社会中扮演的角色必须有益于社会，不做危害社会和消费者行为的事；后者是说你所处的位置及在行业中的水准，顺势而为，量力而行。其次，管理上要高标准，发扬"工匠精神"，高质量发展才能实现"弯道超车"。每项管理、每种产品、每道工序都要精益求精，努力打造企业品牌和产品品牌。最后，要保证企业健康成长。要依法规范经营，不要长期处于"山寨式"状态，"带病"运作。

企业经营者要把"快乐"作为企业的经营理念，在奔向创业成功的道路上，时常看看自己所在的领域及市场环境发生的变化，判断形势，及时调整航向，找到正确位置，即"正位"，你的努力才有意义。

四、认知民营经济才会奋勇向前

多年来，一些企业经营者对民营经济的期盼和顾虑并存，或多或少影响到他们的投资和经营信心。甚至有"过把瘾就死""干一天算一天"的想法，缺乏长远做企业的打算。企业经营者对民营经济发展趋势产生忧虑的原因，有历史客观因素，而主要原因是其认识不足造成的。我们认为，应从以下三方面提高认识：

一是中央长期坚持"两个毫不动摇"。从党的十五大到二十大，在大会报告中、党的重要会议上、全国"两会"上，以及党和国家领导人的讲话中，都强调要大力发展民营经济，始终坚持"两个毫不动摇""三个没有变""两个健康"，始终把民营企业和民营企业家当作自己人。

二是民营经济的营商环境不断得到改善。各地陆续出台了一系列鼓励、支持和引导民营经济持续健康发展的政策措施。在法律政策、管理

第一部分
树德与守正是企业经营之根

方式、服务理念、政商关系等方面,各级政府和机构都积极努力,营商环境得到了较大改善。民营经济的发展环境越来越好,发展空间越来越大。我们将在新起点上大力营造市场化、法治化、国际化营商环境,平等对待各类所有制企业,依法保护企业产权和企业家权益,促进各类经营主体公平竞争,支持民营企业发展壮大。

三是我国社会主义市场经济体制的健全完善,为民企提供了长期发展的舞台。最重要的是肯定了民企的地位作用,把民企列为社会主义市场经济的重要组成部分,是推动我国发展不可或缺的重要力量。民营经济具有"五六七八九"的特征,即贡献了50%以上的税收,60%以上的国内生产总值,70%以上的技术创新成果,80%以上的城镇劳动就业,90%以上的企业数量。国家保护各种所有制经济产权和合法利益,坚持权利平等、机会平等、规则平等,废除对非公有制经济各种形式的不合理规定,消除各种隐性壁垒,依法保护民营企业产权和企业家权益,促进民营经济发展壮大。

总之,党和国家对民营经济制定和实施的方针政策,是坚定有力、鼓舞人心的。给民营经济发展安上了"定盘星",给民营企业家吃了"定心丸",给民营企业发展注入了"强心剂",为新时代中国民营经济繁荣发展注入了强大的信心和动力。企业应增强信心、轻装上阵、大胆发展,心往一处想、劲往一处使,努力实现民营经济健康发展、高质量发展。

第四节　走正道，企业方可顺利前行

一、经商需走正道才顺畅

所谓"道"，从物质层面说就是道路、轨道，是人们通向目的地最快最好的途径。从精神层面上讲，就是人们长期以来从实践中悟出来的应当遵循的规则，即道理。

古人所说的"道"之"天规"，是说自然界中的任何事物都必须以"道"为行为规则，顺应规律的自然之理，是安定下来修炼，以修德慎行。而现代意义上的"道"，则是指方向、路线、道路，是必须要"抬头"看的。正道，即正确的道理、准则。正确的途径，指所有事物的正确运行规律，就是通往成功的道路，与所谓"歪门邪道"正相反。

"正道"是古今中外仁人志士共同追求向往的东西，是战略思维和方法的规律把握，是人生前行的方向道路。正如毛主席所言："人间正道是沧桑"，正道终将战胜倒行逆施。

北宋哲学家程颢曾说："万物皆有理，顺之则易，逆之则难。"这里的"理"就是规律、正道、天道。顺之而行则容易成功，逆之而行则困难重重。所谓"天道酬勤"，就是先圣从长期的实践中悟出的道理，意思是上天会按照每个人付出的勤奋，给予相应的酬劳。经营企业就像开汽车，经营者犹如离不开方向盘的司机。作为领航者或驾驶者的老板，只有时时依据党和政府的方针政策及市场变化等情况，依法经营，"正道"前行，才能平稳安全到达目的地。任何想走"抄小路走邪道"的做法，都可能"车毁人亡"。

二、正道取财方为"良商"

常言说，"君子爱财，取之有道"。这个"道"就是经商的正道，是靠自己的体力劳动或脑力劳动（智慧），依法经营，按照市场规则赚取合理的利润。如果是不劳而获或凭小聪明投机钻营取得，都是背"道"而驰，就是违背规律、规矩，迟早会受到惩罚。

三、正道是合法合理之路

有些商人为省劲省力、挣快钱、多挣钱，就走歪门邪道。利用打法律政策"擦边球"的手段，进行恶性竞争。企业在经营过程中，首先要考虑挣钱的手段是否合法、合理。也就是说，在商业活动中，其行为既要符合国家法律、市场规则，还要将其建立在不损害他人利益之上。在资本主义国家，商业行为只要合法就行得通，而在社会主义国家，在合法的同时，还要合情合理才行。如山西海鑫集团原领导人李海仓与好友冯引亮的土地转让合同，虽然合法，但不久土地价格猛涨，与原合同相差较大。当冯引亮感到吃亏较大，向李海仓讨要补偿费，遭到拒绝后，将李枪杀自己也自杀。这一惨案说明，即使商业活动是合法的，但也要考虑是否合情合理。如果李海仓在自己暴富之后，给予好友一些补偿，是人之常情，也是合乎道理的，自然也不会出现双亡的后果。

四、法律底线千万不可踩

苏格拉底说："守法即是正义。"撇开道德层面不谈，也可以说，守法即是安全。违法创业，可能短期内成长更快，但法律的特殊性在于具有持久的作用力，你犯了多大的罪，就有多长的追诉期。《道德经》第七十三章中，就有"天网恢恢，疏而不漏"的论述。意思是天道公平，作恶就要受惩罚，它看起来似乎很不周密，但最终不会放过一个坏人，只是个时间问题。法律不像是一道激流险滩，只要侥幸闯过去就没事了。触犯了法律，就等于在背上绑了一个炸弹，它会不会爆炸，谁知道呢？许多人辛苦打拼多年，事业大获成功，却因为违法之事败露，一夜之间沦为阶下囚。假设时间倒流，他们一定会重新选择：只要咬咬牙挺过一时的不顺利，照样可以成功，又何必犯法？只可惜时间不会倒流，过去的一切已不能从头再来。在厦门远华案中，赖昌星的亲弟弟赖昌图，被判处有期徒刑15年。出狱后，赖昌图说，自己最后悔的是没有及时劝阻哥哥做走私的生意，否则以兄弟俩的能力，一定可以安分守己把企业做好，这样也不会搞得妻离子散，兄弟再无相见之日。赖昌图这句话提醒经商者，要凭本事挣钱，本事大就多挣些，本事小就少挣些。心要平和，不可贪心违法投机挣大钱。

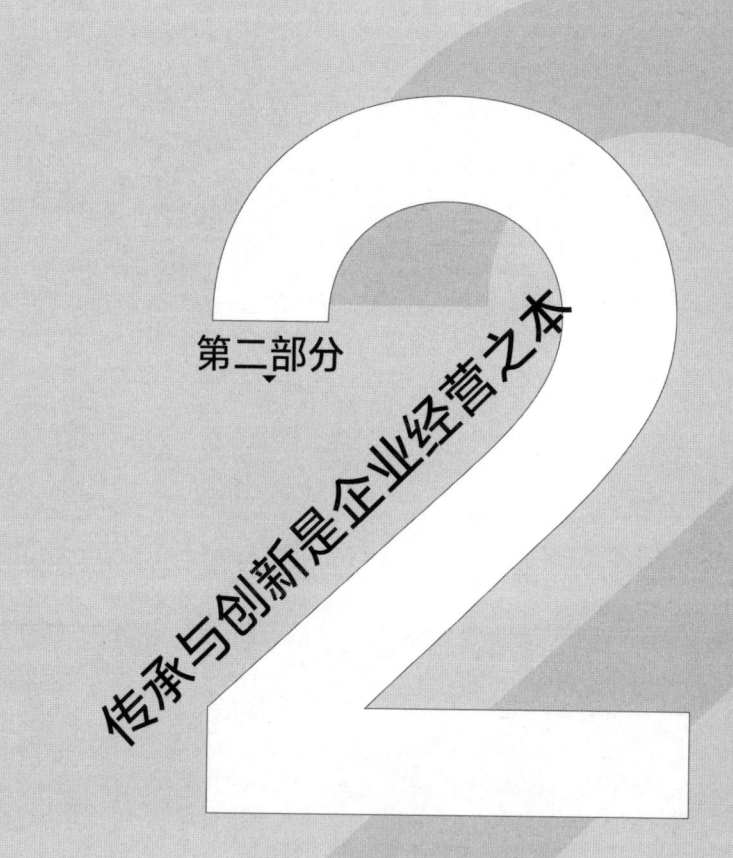

第二部分

传承与创新是企业经营之本

创业故事与启示：正泰集团南存辉

中华传统文化源远流长，博大精深，是我国成功企业家思想智慧的来源。当代中国的优秀企业家，也都具有深厚的传统文化底蕴。可以说，没有中华优秀传统文化的滋润，就不会有我国企业家的成长与成熟。诚然，时代在发展，社会在变化。我们今天应当根据时代和自身的需要，既要古为今用，又要推陈出新，"创造性发展"。为此，传承与创新，既是我们现代人的历史责任，也是企业经营者做好企业的经营之本。

变革家企为"共有"，不断创新促发展

南存辉，正泰集团股份有限公司董事长兼总裁，第九届、第十届、第十一届全国人大代表，第十二届、第十三届全国政协常委，第十二届全国工商联副主席，第十一届中国十大杰出青年、首届中国优秀民营企业家、"中国杰出贡献企业家"。在庆祝中华人民共和国成立70周年大会上，南存辉受邀乘坐"改革开放"篇章"春潮滚滚"方阵彩车，以亲历者身份，见证伟大时刻。

南存辉从1984年创业开始，坚持不断对其家族企业进行变革。随着家族外人员的不断加入，公司家族制色彩不断淡化，走上了健康发展之路。目前，正泰集团业务遍及世界140多个国家和地区。除生产经营智能电气产品外，还在绿色能源领域不断拓展。集团综合实力已连续多年名列全国民营企业500强。截至2024年1月，集团全球员工5万多名，拥有资产1750亿元，年销售收入1550亿元。

世纪之初，《中国青年》杂志推出了"可能影响21世纪中国的100名青年人物"，称赞南存辉："他把私营企业带进了现代化的程序。""守正创新，泰然施之"。南存辉和他的企业，正如其公司名字那样，昭示着企业未来发展方向。

一、社会责任心是变革家企的动力

南存辉认为，家族企业本质上是企业，不仅仅要对家族成员股东负责，更要对社会负责。他说："人必须有一种精神境界的追求，要看到还有很多人没有富起来，要为社会经济发展而奋斗，树立强烈的社会责任感和历史使命感，回报国家、社会和人民，这才是我们的追求。"

创立正泰后，摆在南存辉面前有两条路：一是坚持个人绝对控股，做"正宗"的家族制企业；另一条是走多股分红，朝着员工持股企业迈进。南存辉选择的是后者。南存辉的做法，来自他对客观环境的判断：企业创立之际，资金人才缺乏，要聘请专业人才又付不起高薪，企业随时有夭折的危险。同时，温州人的性格，每个人都有投资欲望，都有投资风险意识。不给他分红，他就会认为是给你打工。给他股份，他就有

第二部分
传承与创新是企业经营之本

了老板的感觉。南存辉的经营思想是依靠集体，调动所有人的积极性。股份分散，同时也分散了风险。因此，南存辉坚定不移地推行股份制。

南存辉首先利用"正泰"这个品牌，将当地38家企业纳入正泰，吸收新的非家族股东共同决策。1994年2月组建了低压电器行业第一家企业集团，正泰股东也一下子增加到数十个，而他个人股权则由原来的60%降到40%左右。随后，南存辉"用股权换人才"的理念，对家族控制的集团公司核心层的低压电器主业进行股份制改造，把家族核心利益让出来，将最优良的资本配送给企业最需要的人才，南存辉自己的股份下降至20%多。通过几次战略变革，正泰实现了企业所有权与经营权的分离，高层经营领导层中，多数已不再是家族成员，集团下属各子公司的老总，也几乎都是家族外人员。家族色彩逐步淡化，企业却不断壮大。

二、持续股权改革，才能革掉家企弊端

南存辉认为，企业家族制是个根深蒂固的顽症，实现符合时代要求的新制度不可能一蹴而就。不仅要有敢啃骨头的勇气，还要有持续不断的韧劲，更要讲究策略和智慧。

第一次股权变革是在1991年，目的是解决融资难的问题，引入大量股东，扩张资本。南存辉便拿出家产，与美商合资创办了柳市镇历史上第一家中外合资企业，并且实行董事会领导下的总经理负责制。他把股权从100%稀释到60%。解决了融资难的问题，完成了正泰大厦最为关键的基础工程，并正式走上"科技兴业、质量创牌"之路，正泰产品也走向了全国市场。

第二次股权变革是在1994年。目的是整合当地同行小企业，提升市场竞争力，并对正泰"家族企业"进行变革。南存辉面对众多小厂靠生产劣质产品获利的局面，发表了《联合：低压电器迎接挑战的必由之路》的文章，引起同业的重视。通过出让正泰的股份，控股、参股或者投资其他企业，正泰以品牌为纽带，以股权为手段，完成了对多家企业的兼并联合。而南存辉的个人股权也被稀释到了不足40%。

第三次股权变革是从1996年开始，为了克服由于多种产权关系所导致的企业集团运作中的弊端，调动管理骨干和业务骨干的积极性，进一步淡化家族制，他把家族核心的利益让出来，从原来的10个股东变成100多个股东，包括原始投资者、子公司所有者转化而来的股东，以及加盟正泰的部分科技人员、杰出管理人员和营销人员，形成股东大会。南存辉在集团内推行了股权配送制度，他将最为优秀的资本配送给企业最为优秀的人才。这就是正泰的"素质入股"，即在集团内部推行"管理入股、技术入股、经营入股"，以体现"知本"的价值。经过这一次产权改革，南存辉个人股份下降到20%。

第四次股权变革是在1998年之后，主要目的是改变过去的分配制度。他将股份分为两段，在普通股的基础上增加了一个岗位激励股。岗位激励股不享有所有权，只享有分红权，不需要出资购买；如果业绩足够好，激励股可以转为普通股。工人这一层主要是计件工资，管理层根据岗位不同，设置不同的岗位激励股。

南存辉通过多次股权变革，使正泰在规避了家族企业可能生成劣势风险的同时，成为一个健康发展的现代化企业。如今的正泰集团，决策

第二部分
传承与创新是企业经营之本

不容易造成重大失误，能够持续健康发展，成为全国知名的大企业。在现代企业经营模式指导下，正泰从家族企业变成一个国际公司。

三、转型创新才能冲出家族企业藩篱

正泰与其他家企一样，开始采取的也是作坊式经营方式，主要产品以电器开关及相关设备为主。进入21世纪后，南存辉认为，新形势下，还靠过去那些老做法、老方式、老经验，显然是行不通了。家企也必须跟上时代发展，变革创新，企业才能与时俱进不断发展。

2010年前后，传统的光伏企业是从太阳能电池及组件到控制原材料，是向上游整合资源。由于出现了产品过剩，光伏产业"过山车"般的大跳水，多家明星企业陨落。而与世界同行大起大落不同的是，正泰太阳能大胆创新经营模式，依托电气设备的产业优势，以电站投资建设带动光伏产品销路，向下游提供一站式电站系统建设，从单一提供太阳能产品到提供整体的解决方案，在行业大变局中成为"后起之秀"。2012年，全球光伏产业衰退，正泰太阳能逆势实现盈利1.6亿元，销售额突破50亿元。在营销方式上，南存辉提出要做电气营销网络，改变了传统的专业市场模式。南存辉的这一营销创新也被称为"新柳市模式"。正泰的销售网络后来发展到了几千个，分布于全国200多个大中城市，至今仍然是正泰电器的核心竞争力之一。

这些都源于南存辉对行业前瞻性的研判及提前调整战略。在光伏制造业达到顶峰之前，正泰就已经研判产能过剩的潜在危机，停止了对生产设备的进一步投入，还将战略重点逐渐调至产业链下游——光伏电站的开发与运营。随着多晶硅价格的暴跌，薄膜电池的成本优势不再，正泰太阳能开始转型，把主要精力放在电站建设、运营和晶硅电池组件的生产上，凭借正泰集团完整产业链的整体竞争优势，最终确保了稳健经营、持续增长。

　　同时，正泰还把自己定位为清洁能源开发商。这意味着正泰从电气制造商到清洁能源开发商与能效管理解决方案提供商的转变，这一转型正契合了制造业向服务业转型的大方向。"我不仅卖产品，更是卖服务。"南存辉表示，制造业向服务业转型的关键是治理能力、运营能力。在转型的过程中，不仅仅是产品的转型、产业的转型，更重要的是在引领模式上做转型。正泰正是在转型中发展，在发展中转型，终于走出了家庭作坊式的生存方式，成为有世界影响力的、代表家企未来发展趋势的现代化大型企业。

第四章　中华传统文化是经商成功的基石

有许多专家说:"公司短期的繁荣可以通过许多形式获得,但是公司持续增长的力量却只能从人类几千年来形成的价值公理中获得。"中国优秀传统文化是我们取之不尽、用之不竭的思想宝库和智慧源泉。它既可以增厚人们开拓进取的"知识背景",又可以给予人们知进退、明是非、察成败、懂取舍的智慧。许多成功的企业经营者都是在中华优秀文化的影响下,把企业做得风生水起。实践证明,只有从中华文化中汲取营养,不断增强自身的智慧和力量,才能成就自己。

第一节　经商者需要铭记的古代至理名言

一、"义利兼顾"是最佳的经商思想

"义利兼顾"的思想出自古代的《论语》。"利"是人物质生活、精

神生活的需要,是人类社会实践活动的目的,缺"利"人会少了许多前进奋斗的动力。"义"是人们把自己贵重的东西奉献出去的行为。凡是符合社会绝大多数人利益的就是"义",凡是符合社会公理、道德认知、价值观的就是"义"。儒家认为,名利富贵虽好,但世上还有比名利更有价值的东西,那就是"仁义"。对遵守道义之士,人们由衷地冠以贤士的美誉,用尽美好的词汇,如一诺千金、轻财重义、义无反顾等;而对不义之人,则充满不屑与唾弃,背信弃义、忘恩负义、不仁不义、见利忘义、多行不义必自毙等。然而人们也不回避名利,但将仁义置于名利之上,形成了君子的义利观。就是说君子亦会追求个人利益,但会先考虑所得是否合于"义",以"义"为原则来规范自己的行为。

有一位企业家从自己的经历,悟出了"义"与经商的关系,他说:经商先卖"义",卖"大义"有大利,卖"大义"有长利。意思是说,经商只讲利是走不远的,还必须讲"义",只有"义利兼顾"才合乎道理。

司马迁早已说过:"天下熙熙皆为利来,天下攘攘皆为利往。"可见,为钱,本身并没有错。问题是要"君子爱财,取之有道",同时要明白,钱财不是万能的。人们外出创业,"谋利"也是人们创造财富的动力,这是无可厚非的。但是,这种谋取私利的行为,必须建立在不危害别人利益的基础上,称之为"取之有道"。同时,人们在谋利的过程中,还应当有意无意地为"他人"带来一定利益,为国为民创造财富,并舍利取义,不忘社会责任,热心慈善事业,这才符合社会所要求的道德规范和法律规定。

第二部分
传承与创新是企业经营之本

企业在处理义利关系上，必须把义放在利之上。特别是在新时代倡导共同富裕的要求下，更是如此。《左传》有一句话："多行不义，必自毙。"如果只讲利不讲义，或把利放在义之上都是社会道德所不允许的，迟早会被社会淘汰。应该说，只为利不讲义的企业是不长久的，只有把义放在利之上的企业才会得到不断发展。

古人曰："利可共，而不可独。"人与人的合作中，利益是动力，也是纽带，是彼此合作的基础。一个人唯有懂得让利，才能获得更多的人脉与资源，成就一番事业。办企业是老板与员工的合作，只有遵循"利可共，而不可独"的规则，才能把企业做好做大做久。商业格局越大的人越懂得让利，只有将目光放长远，不被眼前的利益所诱惑，方能行得远，获取更大的财富。

当今，企业"义"的最基本体现，就是履行社会责任。一是依法经营把企业办好。把企业办好，是社会对你的最起码的期望价值。二是有善心，多行善事；多为客户、员工、消费者让利。乐于慈善，让利他人是企业老板应有的品质。三是要有无私奉献的家国情怀。"企业营销无国界，企业家有祖国"。企业家必须爱自己的国家，要主动为国担当、为国分忧，"利于国者爱之，害于国者恶之"。

二、"自强不息"是必备的创业精神

自强不息的意思是自觉努力向上，永不松懈。"自强不息"出自两千多年前的《周易》。《周易》中用"天行健，君子以自强不息；地势坤，君子以厚德载物"经句，高度概述了中华优秀文化内涵。古往今来，年轻人想要改变命运，首先要挣脱"懒与馋的甜蜜陷阱"，要有"正气存内"的自强不息之精神！要明白，人生在世，唯有自强不息，自己强大，人生之路才会越走越广！

有句名言：幸福的人都是一个模样的，而不幸的人却各有各的不幸。有人抱着怨念活了一辈子，有人一蹶不振，更有甚者有人轻生了。而幸福的人表现只有一种，就是"自强不息"。在人们的现实生活中，生老病死，每天都在上演。如若一直纠结在这些郁闷或者不幸的事情上，那么我们该如何前进呢？让未来的你感谢现在的你这么努力地付出，而不是到那时再懊悔。自强不息，永不言弃，乐观前进。

2020年3月29日，习近平总书记在考察宁波臻至机械模具有限公司时强调，我国中小企业有灵气、有活力，善于迎难而上、自强不息，在党和政府以及社会各方面支持下，一定能够渡过难关，迎来更好发展。

民营企业由于成立时间短，要生存发展面临诸多困难和问题，只有发扬中华民族自强不息的精神，才能活下去、发展好。就像浙江民营企业家当年创业时那样，具有"历尽千辛万苦、说尽千言万语、走遍千山万水、想尽千方百计"的"四千精神"，自强不息、敢于拼搏，善于迎难而上、攻坚克难，才能发展壮大起来。

在经营发展中遇到点困难就撂下不干，不是企业家应有的精神。无论企业遇到多大困难，只要我们从灵魂深处，时时刻刻提醒自己"天行健，君子以自强不息"，就一定能够战胜人生路上的一切艰难困苦，实现美好的生活！

第二部分
传承与创新是企业经营之本

三、"无为而治"是高端的管理理念

"无为而治"出自《道德经》，是道家的理念。"无为"是不强作妄为，顺其自然的态度。无为而治并不是什么也不做，而是不过多地干预、充分发挥人民的创造力，做到自我实现，走向崇高与辉煌。同时，无为不是无所不为，而是不妄作为；不是无所作为，而是遵循客观规律而为。所以说，"无为而治"是一种管理的最高境界，是趋向于没有管理的管理、自动自发的管理。

"无"，也是一种追求。生活中，有些人很爱比"有"，有房、有车、有钱，认为这就是成就和幸福。其实人生真正的成就和幸福，应该比"无"：无病、无灾、无忧。企业经营者要透过现象看本质，从"无"中看到"有"，才能成为一个合格的领导者。

"无"，还是一种境界和大智慧。清代陈伯崖所撰一副对联为"事能知足心常惬，人到无求品自高"。此处的"无求"和知足相对应，只有知足方能无求。是让心灵控制欲求，还是让欲求控制心灵，是大智慧者与大痴愚者的界别。心灵控制欲求者，心灵清明，品行高洁，不为名缰利锁所累，达到了淡泊以明志，宁静以致远的人生境界；而欲求控制心灵者，其心灵则如打开了的潘多拉魔盒，各种贪欲邪念蜂拥而出，只能沦为欲求之奴仆，铁窗之囚徒。只有无求，才能淡定心态，不迷失自己，安然无恙。

任何人都不喜欢被约束和管理，这是人性本身决定的。但是大多数企业为了达成目标，会不断加强管理，制度越来越多，考核越来越复杂，流程越来越繁琐。员工讨厌这样的工作环境，当然也就没有效率和激情。这是两个方向上的矛盾，一个站在员工角度，一个站在企业角度。要摆脱这样的窘境，只有顺应人性和规律，采用"无为而治"的管理思维才能使企业进入最佳的状态。

企业经营管理中有许多事要去做。但"眉毛胡子一把抓"就什么都干不好。智慧型的管理者就会把企业的事，分为"有所为"与"有所不为"两部分。对小事要采取不看、不听、不做的"三不主义"，发挥下属的作用，使他们更好地做好自己的事！"有所为"就是"大"，也就是企业战略问题，明确愿景和目标是管理者的基本责任。抓住大事、把握关键，形成规范、理性的组织和制度体系，从而提升组织的整体性和应变性，达到真正的"无为而治"，实现组织或企业的健康发展！

第二节 "修己安人"是中国式管理的精髓

一、修己安人是企业经营者的基本素质

"修己安人"出自《论语》第十四篇《宪问》。"修己"是把人做好，"安人"是造福社会。修己安人的目标是内圣外王。有三个层次：一是先由修己以敬人做起；二是修己以安周围的人；三是扩展为修己以安百姓

大众。从一个人内在的德智修养,到外发的事业完成,一以贯之。"修己"是根本,不修己而想安人,实在是不可能的事情。不少老板对经营管理很急躁,处处想"安人",却不能"修己"。所以事倍功半,甚至于有害。

"修身、齐家、治国、平天下",是"修己安人"的具体表述。所谓"修身"就是完善自己,行为有规范,使自己具备足够的才华和美德;"齐家"就是去治理好自己的家庭,进而管理好一个家族,成为宗族的楷模,别人效仿学习的榜样;"治国"就是辅佐君主(或者是君主本人)治理好国家;"平天下"就是在更大的范围内成就功业,安抚天下黎民百姓,使他们能够丰衣足食、安居乐业,而不是用武力平定天下。这句名言不仅是众多仁人志士历练人生的目标,更是推动社会发展的重要动力。

二、修己安人是中西方管理的根本区别

美国管理大师德鲁克强调指出:"管理以文化为转移,并且受社会、传统与习俗的支配。"西方的管理是为了经营有效,多赚利润,其本质是"管人"。虽然中西方管理都离不开"修己安人"的范畴,但中国传统比较侧重"修己",肯定"以修己身"才能"安人"。"以身作则"才能使下属员工心甘情愿接受管理,不愿接受口头命令式的管理。而西方管理除了不重视"修己"外,还把管理作为手段,用严格的制度管人;把"安人"的目的视为"成果",以业绩、利润为出发点"安人"。这是

西方与中国在管理上的显著差异。有些企业看到西方企业寿命长，又能做大做强，就盲目照搬西方所谓的"先进管理模式"，放弃"安人"的管理理念，转向追逐"效率""业绩""利润"等成果，也许暂时会取得一点效果，但从长远看是不可取的。只有把"修己安人"的中华优秀文化的精髓与西方"先进管理模式"相结合，形成"中国企业管理模式"，才能使企业健康成长。

三、修己安人是"中国式管理"的核心内容

曾仕强教授把"修己安人"的理念植入管理之中，提出了"中国式管理"的命题。他说："管理是修己安人的历程。""管理的起点是修己，而终点才是安人。"

从字面上看，管理就是管理者在工作中要讲"理"，而不仅仅是用冷冰冰的制度和权威命令去"管人"。管理中的"理"有三个层面：首先，管理者要注重"修己"。古人曰："正人先正己。"其次，管理者要讲"理"。在工作中只要讲清楚该怎么办，不该怎么办，员工就会自觉遵守服从。第三，满足人的需要，按心理学家马斯洛列出的"生理、安全、社会、自尊、自我实现"五个层级的需要，就可平息多数员工的不安。具体做好以下几点：一是真诚服务，合理待遇。二是予以尊重，适当关怀。三是工作合适，安全保障。四是适时升迁，关注成长。这些做到位了，管理者最头痛的"忠诚"问题，就会自然得以解决。

第二部分
传承与创新是企业经营之本

第三节　值得经商者学习的古代知名商人

在我国历朝历代的商人中，不乏靠智慧把企业做好做大的良商，留下了千古美名。下面选几个典型人物供大家学习借鉴。

一、春秋末期的商人鼻祖范蠡

范蠡是春秋末期著名的政治家、军事家、道家和经济学家，被后人尊称为"商圣"。传说他帮助勾践兴越国，灭吴国，功成名就后急流勇退经商成巨富。世人誉之："忠以为国，智以保身，商以致富，成名天下。"后代生意人皆供奉他为"财神"。范蠡的经商智慧主要有以下几点：

一是善于学习贵于应用。范蠡曾拜老子的弟子，当时有名的战略家、思想家计然为师，学习治国经商之策。他将从老师那里学到的治国经商之道融会贯通，著有《计然篇》。在具体的经商实践中，范蠡或创立或运用了"劝农桑，务积谷""农末兼营""人弃我取，人取我与""旱则资舟，水则资车，以待乏也"等具体的经商管理之道。

二是善于选择适宜经商环境。范蠡首选的地点是海滨。因为海滨资源丰富，既可农耕，又可鱼盐，还可做生意。最后选择的地点是居于"天下之中"的"陶"（今日肥城陶山）。范蠡根据时节、气候、民情、风俗等，转运货物，不久使陶山成为繁荣的经贸之城，当然范蠡也成了大富商。

三是采用"贱买贵卖薄利多销"之道。范蠡在变化莫测的市场中，缩减贱买贵卖的周期，以薄利多销和公平交易的办法，顺利地买进来卖出去，使资金流转起来。因为价格便宜，所以交易数量巨大，这样总体的利润额还是很高的。同时商品销售快不积压，减少了仓储成本，加快资金周转。如此运转下来，才使范蠡"致资累巨万"。

四是善于识别需求开发市场。范蠡善于掌握各种信息，善于分析人们生产和生活的需求，并根据这些信息来预测市场，开发出各种商品满足人们的需求。同时，他根据调查信息，对未来市场做好预测。例如，他主张"夏则资皮，冬则资絺（细麻布），旱则资舟，水则资车，以待乏也"。意思就是在夏天做裘皮的生意，冬天做布匹的生意，发生水灾时做车的生意，在旱灾时做船的生意。这种超前市场的生意，没有人竞争，成本比较低，收益往往比较高。满足了多方面、多层次的消费者需求，当然他也会得到丰厚的回报。

五是恪守诚信经营以质量为本。范蠡认为，经商的目的是增加财富，但不能以假冒伪劣的商品骗人，经营的商品一定要有上好的质量，也只有如此，才能取得信誉，才能开拓出更大的市场。在经商过程中，他要求"工作要精细，粗糙出劣品"，只有工作精细，才能避免不合格品的出现。因此要"货物要面验，滥入质价减""优劣要细分，混淆耗用大""货物要修正，散漫查点难"。对不合格商品进行适当的处置，不能让不合格商品影响商业信誉。

第二部分
传承与创新是企业经营之本

六是奉行互利合作双方共赢。范蠡经商主张仁义，对合作者谦和礼让，对待雇员十分慷慨。遇到灾年减产，就减免地租，开粥场赈济灾民。在年初与他人签订的商品收购合约，到年底如果商品价格上涨，范蠡按照市场现价收购，如果价格下跌，就严格履行合约价格。由此，各地商人都愿意和范蠡做生意，人们也愿意为范蠡做工。长期的精诚合作，使商业经营有后盾，使总成本降低很多，还达到了合作互利的效果。

二、明清百年家族企业"康百万"

河南省巩义市康店镇的"康百万"，是明清以来对康应魁家族的统称，跨越了400余年。康氏家族突破地域限制，长距离做运输贸易，沉着老练，稳扎稳打，遇变不惊，以坚韧不拔的创业、立业精神，纵跨三朝仍然富甲一方，其智慧主要有以下几点。

一是秉承读书行善。做善事和读书被康家视为信奉的两件事。康家十分重视子孙的读书学习，在聘请教师时更看重其学识与志向，在河洛地区拥有极高声望的偃师举人赵凤鸣在康家教了一辈子书。一个叫孙涵三的读书人，考取举人后，立即被康百万请到庄园学馆教书。名师出高徒，这些有识之士的谆谆教导，为康家子弟的成才打下了良好的基础。

做善事更是康家世代相传的理念。值得一提的是第十四代传人康应魁，他是康百万家族承前启后、继往开来的重要人物。他在逢祥符（今开封）、中牟黄河段决堤时修筑黄河堤坝，还在道光年间的河南大饥荒中出粟赈灾，使灾民度荒求生。他在75岁生日那年，一把火当众烧掉了族人和乡亲欠债的账目。康应魁的焚券、赈济再一次在中原大地造成轰动效应。

二是坚持专业经营。"以末扶本"是康百万家族的经商策略。生意做到哪里，哪里就有康家的土地。鼎盛时期，康家的土地拥有量达到了18万亩，成为当时全国拥有土地最多的商人之一。康家在豫、陕、鲁三地购置土地的更深层次的意义在于，如果遇上灾荒年头，河南、山东、陕西三地可以互补。总有一个省会丰收的，这就是康家的危机意识。

康家最初发展水运经商，经营的商品主要是粮食、棉花、木材以及石头。运至山东后，顺运河南下，回来再把丝绸等"细软"运回。康家栈房最初是康家航运船只沿水路装卸货物的据点。后来康大勇在山东开了生意，门店、货仓、账房以及客房供来往人员住宿，形成规模。栈房一开始就具有多种功能，如商业经营、货物存储、财务管理等，后来随着经营项目的增加和土地面积的扩充，栈房也逐渐成为经营管理机构（相当于各地分公司），遍及河南、山东、陕西等地。

三是探索家企管理机制。康家实行了超前的管理体系——"相公制"。康家相公制的管理机构，即以老相公（总管，相当于现在公司的总经理）为首；老相公对康百万家族的当家人负全责；老相公之下设四大相公，分工明确，管理内外事务。大相公之下设相公、小相公。这样层层负责、互相竞赛，让他们在各自的岗位上发挥自己的才能，使康百万的财富如众泉汇流，滚滚而来。

第二部分
传承与创新是企业经营之本

康百万打破传统的宗亲管理或家族管理栈房、田地的办法，从社会上挑选适应管理各种项目的"相公"。连自己的儿子想当"相公""掌柜"，也是这种办法。康家经过艰难探索，开创了家族企业管理模式先河。

四是重视接班人的培育。康氏家族历代都非常注重家教。康家子弟十几岁时，就要经常随长辈一道出去经风雨、见世面，亲自感受赚钱的艰辛，体验经商的难处。康家第十二世传人康大勇，兴盛时拥有良田千顷。但仍然要带着独生子康云从走海运、闯山东。数次经历后，康大勇又把康云从送到禹县（今禹州市），让其独自在禹县发展。后来，康云从在禹县从事药材、木材经营，赚钱买地，开拓了禹县、栾川、卢氏等药材、木材基地，家资亦富足一时。

三、清代晋商优秀代表乔致庸

从明朝开始，晋商在中国历史上辉煌了500年。乔家起家比较晚，是在清中期，活跃了200多年。中兴家业乔致庸，历经嘉庆、道光、咸丰、同治、光绪五个皇帝。在乔致庸执掌家务时期，乔氏家族事业日益兴盛，成为山西富甲一方的商户。至清末，乔氏家族已经在中国各地有票号、钱庄、当铺、粮店200多处，资产达到数千万两白银。乔致庸本人也被称为"亮财主"。他的经商智慧主要表现有以下三点。

一是创新发展票号生意。"票号"（相当于现今的"银联"）始于明代发迹的山西商人群体中。光绪初年，全国票号极少，一般小商人还必须带着银子外出做生意。当时商路上土匪和乱军纵横,商人携带大量银两非常危险且不便。即使兑换成汇票,同样能被劫持者兑换成银子。乔致庸看重票号的前景后,积极筹划。为避免所携带的汇票被劫持,给商家造成损失,就在票号兑换的汇票上做了密记。即使被土匪所劫,没有密记也不能在票号中兑换银子。乔致庸利用乔家的资本开了两个票号:大德通和大德丰。在乔致庸的经营下,大德通和大德丰都成为全国屈指可数的大票号。光绪十年,大德丰成立时的资本是6万两,没几年就变成12万两,到光绪十几年的时候,资本已经增至35万两。

二是坚持"崇信尚义"的理念。晋商非常崇信尚义,讲究诚信不欺、信誉第一、义利并重、利以义制。乔致庸作为一介儒商,不但汲取了晋商经营理念的精粹,而且将更多儒家的思想融入经商理念之中,要求掌柜、伙计以信誉赢得顾客,不能玩弄权术欺诈,不能为了利益偷工减料、巧取豪夺,昧心钱更是坚决不能赚。宁可少赚钱,不能失信;宁可不赚钱,不能失信;甚至宁可赔钱,也不能失信。信誉犹如商号的生命,商号若没了信誉,便再无起死复生的希望;而钱只是商号的血液,商号若没了钱,还可以凭借良好的信誉获得东山再起的资本。

三是以儒家思想经营管理。从乔致庸接掌复字号伊始,便始终坚持一个原则,那就是"以儒治商,以儒兴商"。他乐善好施,广施恩惠,善举无数;他宽厚仁德,待人和气,其宽其仁;他常将大权下放给掌柜,让他们凡事自己拿主意。乔家在经营过程中,一是充分发挥长处而避免短处,一开始就选择成本最小、利润最大的行业做。二是能够承认变化,适应变化,设法在新领域中再次领先。三是通过创新,另辟蹊径,走差异化之道，做人之未做或不敢做的事。四是大胆起用新人，厚待下属，给予下属充分的信任和高度的自主权，推行身股制激励员工。

在管理方面，乔家的制度既简单又严格。复字号在光绪十年（1884）将大德兴茶庄改为大德通票号时曾议定号规30条，各种事务都做了详尽而具体的规定。在规范人际关系方面，大德通票号有这样的规定："各处其位，皆取和衷为贵，在上位者，宜宽容爱和，慎勿偏袒；在下位者，亦当体量自重，勿得放肆。"以此倡导和衷共济。这些规定和做法，对打造企业品牌、塑造员工形象、严格用人制度起到了强有力的作用。

四、清朝末期知名商人胡雪岩

胡雪岩被称为"红顶商人"，与名臣曾国藩为同期人物。曾为官，胡为商，二人犹如晚清时期的两条巨龙，在官商两道各自取得了令人目眩的成就。清代谚语有"做官要学曾国藩，经商要学胡雪岩"之说。清代四大名臣之一的左宗棠评价道："胡雪岩畅游官商两道，终获大成，令世人仰望。然世人只知其所成，而不知其何？故而无法效仿。吾之愚见，胡氏能成，及其灵活变通官商之道也！"意思是说，胡雪岩在经商方面有很多可取之处，但不可好坏全学，取其精华，避其糟粕，才有利于健康成长。下面分三个方面来认识胡雪岩。

第一，对社会有一定的贡献。胡雪岩作为封建时期的商人，主观上牟利是完全可以理解的；客观上为社会作出的贡献，人们也是应该认可的。"中国式管理之父"曾仕强教授评价胡雪岩是徽商的杰出代表人物，身上有着徽商讲求诚信、为人着想、精明强干等共性。胡雪岩之所以被商界奉为商圣，一是因为胡雪岩经商讲求诚信，同时，利用财富，帮助左宗棠为国家做了很多的好事。二是热心助人。胡雪岩在参与赈抚局事务期间，曾设立粥厂、善堂、义塾，修复名寺古刹；恢复了因战乱而一度终止的牛车，方便了百姓；向官绅大户劝捐，以解决战后财政危机等事务。他还为杭州百姓开设钱塘江义渡，方便了上八府与下三府的联系。他还两次赴日本，高价购回流失在日本的中国文物。三是救死扶伤。胡雪岩先后筹设胡庆余堂雪记国药号，购地10余亩建成胶厂。"胡庆余堂"药号在胡雪岩的主持下，重金聘请浙江名医，收集古方，总结经验，推出了十四大类成药，选配出丸散膏丹及胶露油酒的验方400余个，精制成药，便于携带和服用。其所用药材，直接向产地选购，并自设养鹿园。向顾客正言胡庆余堂的药童叟无欺，只卖一个价。有"北有同仁堂，南有庆余堂"之称。

第二，为商比较精明强干。从一个没读过多少书跑腿的小伙计，到既富且贵，名满天下，还得到慈禧太后钦赐匾额，黄马褂，其人是天才，其际遇是异数。说到底，源于胡雪岩的几条过人长处：一是因人成事，心胸宽广。先是结交王有龄起家，后来又有左宗棠庇护，结交漕帮成了小爷叔，得到了漕运的便利，而开钱庄、当铺、药店、丝坊，做军火生意，联合商界与洋人抗衡，无一不是因人成事。在清朝那样的时代居然没有办成一个家族企业，可见胡雪岩的心胸之大。二是为人诚信，为商不奸。胡雪岩常说，信誉就是钱。钱庄不消说，就是偶然下海玩出来的

第二部分
传承与创新是企业经营之本

胡庆余堂,也是与同仁堂南北辉映的百年老店,用料之精,用工之细,享誉海内。"修合虽无人见,存心自有天知"就是胡庆余堂的经营宗旨。三是精于思考,实现双赢。胡雪岩以他卓越的能力在夹缝里生存发展,不断寻找利益的契合点,以实现双赢或多赢。在夹缝中的经济里,打出了一方天地。

第三,最终败落事出有因。一是践踏市场规则。胡雪岩的飞黄腾达是熟谙、遵守、利用潜规则的结果,是对市场经济规则的践踏,也是与同行的不公平竞争。胡雪岩一人的高效率是整个社会经济效率低下换来的。他把从商者规范成这样一个形态:只要遵守潜规则,就可以在市场游戏规则之外,依赖许许多多的邪门歪道发财。从而,对经济规律的尊重,对市场规则的敬畏,对从商规矩的遵守,都可以置之不理。二是缺乏危机意识。虽然对未来市场变化难以做出准确判断,但应有"谋成先谋败"的理念,对可能发生的危机要有充分的应对措施。胡雪岩大量囤积生丝,为了大捞一把,但他没有预估市场变化,也没有为可能的变化制定应对措施。结果造成1500万两亏空,引发信任危机,爆发挤兑风潮,钱庄破产引发后来官场反弹。三是傍官牟利。胡雪岩为左宗棠协办军火而中饱私囊、大发横财,生意因此扩张遍及天下,引起其他官员反感、弹劾。四是过度炫富。胡雪岩从一个穷放牛娃,到个人资产一度达到白银3000万两,超过了清政府的国库储备金,富可敌国。这种通过权力依附而获得的超级财富,怎么能不挑战权力阶层的情绪?

第四节　弘扬优秀传统文化的企业经营者

一、福耀玻璃集团曹德旺：博古通今，奋力向前

福建福耀玻璃集团董事长曹德旺，平时只要有空，就会找书看，无论古今中外，入眼皆可读，读来皆入心。他结合生活对照自身，举一反三触类旁通。他结合传统儒家思想为自己总结出了一套"成功5字真经"：仁、义、礼、智、勇。并解释："仁是仁慈善良，是健康包容的心态；义，是道义责任，是敢于承受、勇于担当的胸襟气度；礼，是礼仪，做人的分寸和对人对事应有的尊重；智，是智慧、眼界和看事情要有穿透力和前瞻性；勇，是敢于挑战未来，挑战自身极限的勇气。"他把"5字真经"印在脑海中，用在行动上，立志造福社会。他给所有员工创造最好的工作和生活条件，员工们受了他充满社会责任感和民族责任感的企业家精神的感染，在工作中自觉给自己施压。这也从另一角度，解释了福耀集团迅速崛起的原因。

曹德旺的办公室里挂着一副十二个字的对联，一挂就是几十年。这十二个字对他的经商人生产生了十分重要的影响。内容是："敬胜怠，义胜欲；知其雄，守其雌。"这十二个字出自《老子·道德经》，这短短的十二个字，却蕴含了为人处世的丰富哲理。

第二部分
传承与创新是企业经营之本

"敬胜怠"的意思是，通过勤奋的态度和做法去战胜自己的惰性；"义胜欲"就是通过走正途来战胜心中的邪欲。"知其雄，守其雌"，雄可以理解为长处、底线，雌可以理解为短处、本心。为人处事要懂得扬长避短，同时要坚守自己的底线，不要取得一点成就就忘了自己的初心。

这十二个字一直勉励着曹德旺。他早年因为生活所迫不得不中断学业，但他清楚地知道知识的重要性。所以尽管是事业有成的成功人士，几十年中他仍然坚持一个习惯，那就是每天抽出两个小时读书读报。这就是曹德旺的"敬胜怠"。

不管是事业刚刚起步的小公司，还是到后来福耀玻璃集团成为中国第一、世界第二大的汽车玻璃供应商，曹德旺都有一条做人做事的底线，就是不通过"不义"的途径来得到自己想要的利益。另外，他还十分热衷慈善，认为自己所取得的成就离不开社会的帮助。达则兼济天下，这是曹德旺的"义胜欲"。

2001年至2005年期间，历时数年，耗资一亿，福耀玻璃成为第一家状告美国商务部反倾销，并赢得胜利的中国企业。曹德旺作为取得如此成就的企业家，我们在平时却几乎听不到关于他的一点负面新闻。但是遇到类似国际反倾销这样关乎底线的事情，他却挺直腰板，不惹事也不怕事。这是他的"知其雄，守其雌"。

二、兆通型钢公司冯振华：古为今用，健康成长

第一，学习传统文化，加强自身修养。冯振华在认知中华优秀传统

文化对做人做企业重要性的同时，认真熟读古圣先贤的典籍和至理名言。他把孔孟为代表的儒学中的八德——孝、悌、忠、信、礼、义、廉、耻，作为做人做事的尺度和准则。他认为，中华优秀传统文化博大精深、源远流长，展示了其社会规律性，是做人经商的大智慧，也是价值观修炼的法宝。他给自己定下三条原则：头上有神灵、心中有正气、脚下有底线，以此严格要求自己。在企业经营活动中，也给自己定了三条规则：按法律法规办事，不搞暗箱操作，不送礼行贿搞潜规则。他要求下属依法纳税，按规定履行社会义务，按要求向政府申请有关名誉和扶持资金。冯振华还认为，家庭、家族是中华优秀传统文化的载体。在他的支持下，"冯氏文化联谊会"成立了。他把冯氏家训——正直、从容、勤奋、忠诚，作为修炼价值观和弘扬优秀传统文化的重要内容。为使"冯氏家训"世代相传，他还精心制作了"冯氏家训"牌匾，挂在居室中。警示自己要把"冯氏家训"作为价值观，融入血脉中，落实在行动上。冯振华先后当选为安阳市人大代表，获得安阳市"十佳成长型企业家"、河南省"新儒商"等荣誉称号。

第二，运用传统文化，促进企业发展。 安阳兆通公司在冯振华的领导下，坚持走"以优秀传统文化之精髓打造企业文化"的模式，使传统文化与现代科学管理互动互补，融合发展。近十年来，公司组织全体员工，每日晨读，学习《弟子规》《论语》《大学》等优秀传统文化，组织全体员工每日读书，并发表在公司集体读书群，持之以恒；组织全体员工轮班到安阳传统文化教育基地封闭学习；并组织中层以上管理人员到河北高碑店优秀企业深入学习。公司还聘请安阳孝亲模范人物，担任公

第二部分
传承与创新是企业经营之本

司企业文化建设指导老师,定期为员工讲授传统文化课。

公司以"仁爱爱人"的企业理念为导向,把依法经营作为企业发展方向,坚守"诚信做好人,诚信做经营",不做有碍国计民生的项目,不做损人利己的项目。扎根实业,坚守做有利于国家经济发展、无碳无污染的汽车轻量化用钢项目。不被资本运作、房地产等高利项目"诱惑"。兆通公司建厂伊始,就以"延伸钢铁加工产业链,发展节能降耗低碳经济"为己任,顺国家绿色发展之势,承国家节能减排之责。

他们始终引领企业研发新产品,不断创新,开拓新市场,投入新生产线,丰富公司产品类别,提升企业综合竞争力。经过十多年的发展,公司主要产品高强度汽车用钢在专用车市场占有率连续多年雄踞第一,现已成为一家生产汽车高强度配套结构件的中型民营企业。荣获安阳市"五十高企业""科学进步奖企业""五一劳动奖章企业""优秀民营企业""先进纳税企业"等荣誉称号。

第三,弘扬传统文化,惠及员工社会。冯振华还用"仁爱爱人"的经营管理理念,关心爱护员工,为客户提供优质服务,并把爱心洒向周边社区。员工工资待遇始终在全市前列;按国家规定为员工缴纳"五险";每天三餐企业免费供应,并且食材都是无公害食品;员工做错了事,除严重违法外不做开除处理,以教育为主。为把孝老敬亲文化传播到员工家庭,企业为全体员工父母办理"孝老敬亲"专用银行卡,公司每月补助100元,员工配发100元,支付到"孝老敬亲金"专用银行卡,供员工父母使用。对患病和家有困难的员工,公司派人带上慰问金前去看望,并号召员工"在家做孝子,在公司做好员工"。长期以来,员工流动率不到百分之五，队伍十分稳定。员工也以感恩之心回报公司，积极做好本职工，为企业发展奉献力量。

产品以高质量低价格供应客户，并以客户需求加工生产，服务热情周到。经营十年以来，没有出现一起经济纠纷事件，全体员工也没有出现信用违约，与客户形成了产业链联动的战略合作关系。

近年来，为慈善事业及社会公益事业，捐款捐物80多万元。2016年以来，公司每年在重阳节之际，到多个村里慰问老人，组织全村群众包饺子并送上米、面、油等慰问品，举办千人饺子宴活动。

三、宏源精工公司黄存才：居安思危，智对风险

黄存才善于从中华文华中撷取经典用于企业经营管理。开始，《周易·象传》中的"君子以恐惧修省"，对他很有启发。后来，他又从古圣贤那里读到不少这方面的警句。孔子主张"安而不忘危，存而不忘亡，治而不忘乱"；孟子也说"生于忧患，死于安乐"；王安石言"豪华尽出成功后，逸乐安知与祸双"；欧阳修言"忧劳可以兴国，逸豫可以亡身"；汉书言"安不忘危，盛必虑衰"等。这些使他更加明白这样一个道理：一个国家、一个民族，如果没有忧患意识是成就不了伟大业绩的。同样，一个企业只有心中常存危机感和忧虑感，才能在激烈的竞争中得以生存。

黄存才深知企业生存之难，要想企业稳中求进，必须居安思危，把风险堵在企业之外，并强化企业风险防范。一是财务资金风险防范。在投资项目上，坚持有多少钱干多大事，不贪大。二十多年来，公司新上

第二部分
传承与创新是企业经营之本

大大小小项目几十个,没有一个因资金问题失败的,科学合理运用资金,对银行贷款是需要多少申请多少,到期就归还,从不拖欠。对基本建设、技术改造、新产品开发、生产经营等各项资金使用,按轻重缓急合理调配,好钢用在刀刃上,做到生产、建设两不误。

二是家族式企业管理风险防范。为规避家族式企业在管理中出现的不良现象,黄存才积极推行组织制度改革:选举产生了由五位企业经营管理人才组成的董事会,并充分发挥其作用,共同管理公司;及时选拔从外部引进的优秀人才和参与创业的内部优秀人才,组建领导团队;建立健全集体决策机制和授权体系,消除一把手说了算的家长制决策方式;他多次进行股权变革,稀释家族成员的股权,将大部分股份都分配给了公司员工。

三是公司高层领导风险防范。把领导班子的团结问题作为重点来抓,明确规矩,严格要求,责任到位,搞好协调;关心领导班子的荣誉和待遇,尊重他们的人格、意见和成果。二十多年来,各级领导班子成员中,没有一人无故跳槽,形成了一个团结协作、努力奋进的领导班子。

四是把风险堵在企业之外。认真收集、分析、判断国家政策及市场变化情况,有针对性地制定防范措施和预案,及时发现铲除危机滋生根源。例如,2003年,当了解到国家政策对小型方坯原料进行停产时,果断决策投产Ø500生产线,及时解决了原材料供给问题。

黄存才善于巧借危机为发展"东风"。在他看来,危机不都是带来坏结果,就像中药材中有毒的草药品种一样,在有经验的医师手中,通过正确比例的"配伍",可治疗不少疑难杂症。对待危机,黄存才就如企业中的"老中医"，能够用危机促进企业大步发展。如在2008年全球金融危机中，钢材价格在市场上严重下滑。因产品滞销，钢材库存严重缩水，上百家企业破产倒闭。

对于这次全球金融危机，他认真分析了市场形势，总结历史经验教训，果断决策，提前几个月停止购进高价原材料，并积极快速销售库存产品，将高价库存的两万多吨钢材原料及时抛出，腾空库存，回笼了资金。当钢材市场价格继续下滑至低谷时，又拿原来的回笼资金，买进低价钢材。这一出一进，不仅净赚了3000多万元，还在危机过后，市场复苏中以最低的产品价格开拓市场，国内市场占有率由原来的30%上升到60%。宏源在危机中存活了下来，投入新项目建设，逐步形成了集小型型钢研发、生产及非道路车轮型钢轧制、配件制作、车轮总成生产为一体的全产业链制造企业。

第五章　观念创新是企业健康发展的灵魂

第一节　只有不断创新才能"活下去"

一、创新是事物发展的基本规律

先讲一个老鹰再生的故事。老鹰是寿命较长的鸟，年龄可达70岁。但是，当老鹰活到40岁时，它的爪子开始老化，无法有效地捕捉猎物。它的喙变得又长又弯，几乎碰到胸膛。它的翅膀变得十分沉重，飞行十分吃力。这时它只有两种选择：等死或更新。而更新需要150天十分痛苦的过程。老鹰首先要努力飞到山顶，在悬崖上筑巢，用它的喙击打岩石，直到完全脱落。当新的喙长出来后，用新长出的喙把爪子上老化的趾甲一根一根拔掉。当新的趾甲长出来后，便把羽毛一根一根地拔掉。等新的羽毛长出来了，老鹰便开始了新生。

所谓创新就是推陈出新，勇于打破旧状态，创造新模式。创新就是适应新变化，抛开头脑中已形成的思维定式和传统落后的行为方式，用创造性思维，寻找适应新时代、新形势要求的行为方式。经过努力后，取得更好的价值，以推动事物的发展。

　　创新是一个民族进步的灵魂，是一个国家兴旺发达的不竭动力。创新是一个过程，可以说企业的发展过程就是不断创新的过程。创新又是一种较量，要围绕着各种不利于企业成长的环境进行创新。创新也是一种挑战，推动企业不断成长壮大。对企业来说，守业就是创业，创业就得创新。人类也好，自然万物也好，都需要放弃或打破不适应自身发展和社会要求的东西，才能延续和发展下去。不适时创新，就会被自然界或社会淘汰。"优胜劣汰""后浪推前浪"，说的都是这个意思。无论做什么事，都要看清事物发展的趋势和方向，沿着趋势和方向变革创新。

二、创新是企业生存发展的动力

　　企业要迈进新时代，就必须脱骨换胎，处处都需创新。从规模和内在实力来说，多数企业普遍存在"弱小"问题，在激烈的市场竞争中，弱势会越来越明显。创新能力不足，自然走不远。只有采取"弯道超车"，加大创新力度，才能在新形势下生存壮大。

　　但是，企业创新，将面临观念、人才、资金等方面的困难和问题。这就需要企业经营者具有超凡的勇气、智慧。创新是真正的第二次创业。第一次创业主要靠胆大、勤奋。因为市场短缺、竞争力不强，客观上对创新没有更大要求。创新作为第二次创业，是一场更难打的硬仗。积极创新就有生的希望，"躺平"不创新，只能是苦熬等死。同时，创新不可能一蹴而就，应循序渐进，持之以恒。

三、创新可从技术方面寻找突破

对企业而言，创新可以包括很多方面：战略创新、组织创新、管理创新、文化创新、技术创新、制度创新、营销创新等。因资金、人才、精力有限，展开的项目太多，效果就难以突显。只有依据企业实际，选好突破口，取得成果后，再分主次逐步推进。个人认为，企业创新应把技术放在第一位，从而促进产品创新，打造知名品牌。

不少企业把技术创新列为企业创新活动的核心内容，具有投入少、见效快，在市场竞争中获取高效益回报较为显著，有利于提振企业全面创新的积极性。企业技术创新一般可分为独立创新、模仿创新、合作创新三种模式。

独立创新是指企业在获取技术和市场创新机会后，依靠自身力量独立研究，攻克技术难关，获得新的技术成果，在市场上主要表现为产品创新，以获得超额利润。但独立创新需要企业具有很强的研发实力、敏锐的市场洞察力和较强的风险承受能力等。如果企业独立创新困难较大，应采取模仿创新。

模仿创新是指企业直接购买引进国内外先进的技术和装备，在此基础上改进完善，进行再创新。模仿创新一般包括引进、消化吸收和再创新等阶段，这种模式是技术创新的一条捷径，但会受到技术供给方的制约，利润空间也较小。

合作创新也是企业很现实的选择方式。合作创新是指双方或多方在共同利益基础上整合资源，共同完成技术创新。在这种创新模式中，资源以共享或互补形式结合起来，创新利益互惠，创新风险共担。合作创新有多种形式，既可以采用资金、人才、成果合作的形式，也可以采用资金入股的形式，还可以采用技术供给方、技术中介和技术需求方进行合作的形式。合作创新可以充分利用创新资源，有利于实现技术成果与市场的有效结合，但对组织协调能力要求较高。

第二节　创新致富观念，方能走得更远

由个人先富到共同富裕，是企业经营者灵魂深处的一次革命，也是最高端的创新，我们称它为"致富观念创新"。只有从根本上做好观念创新，创业之路才能越走越宽。

一、"共同富裕"是社会发展的必然趋势

作为"先富起来"的企业经营者，应顺应规律，响应党的号召，以实际行动参与到实现共同富裕的事业中来。国家当前密集出台了很多新

政策，所围绕的核心就是从效率优先到公平优先，从量变到质变，从高效率硬发展到高质量稳发展。

二、"共同富裕"是广大民众的人心所向

目前中国的分配结构是金字塔型，要形成"中间大、两头小的橄榄型分配结构"，就要推动更多塔底的人向中间层流动。据相关报道，在贫富差距较大的当下，为了社会公平和稳定，资源再分配势所必然。

专家学者们所说的"仇富"，在老百姓那里就是"不公平"！党和国家推进"共同富裕"的政策措施，是非常合乎民心民意的，也与企业密切相关。企业经营者只有深刻认知"共同富裕"的本质意义并不断践行，才能让企业基业常青。

三、"先富带后富"是企业经营者的责任

那些依靠改革开放政策先富的一部分人，先富的目的是要带动大家共同富裕。因此，国家聚焦"三次分配"，把"共同富裕"带入现实。要求成功的企业家要有"达则兼济天下"的社会企业家意识，先富带后富、帮后富。这是一项绕不过的责任。对企业的评价标准，不只是看你的规模有多大，利润有多高，而是企业的行为是否符合社会公平，对社会有多大贡献。

作为企业家，不能只谋求自身的利益，还要积极担负起共同致富的

社会责任。既要关注创造利润的员工，又要考虑客户及其他利益相关者，积极投身慈善事业，把"公益、公平"理念，注入经营管理中。

第三节 创新政商关系，方可心正身安

一、政商勾连对社会危害极大

所谓"政"，主要指的是政府官员，也包括政府部门。他们是政府治理国家的具体执行者，依据相关的政策法规为社会提供服务。从官员的职业道德、价值要求来看，公正是其最核心的追求。从古至今，官员角色就要求其以社会的公平正义作为其执行政务活动、参与社会活动的准则。所谓"商"，指的是企业的经营管理者。他们作为企业管理人员，主要参与市场活动，为社会提供商品与服务。对于"商人"而言，其核心原则是以最小的成本获取最大的收益，追逐的是财富的聚积和利润的增加。这样，一方面能优化资源配置，提高效率，但另一方面，在利益的驱使下，有可能会出现不惜一切代价获取财富的丑恶现象。不良的官商关系会对整个社会造成非常恶劣的影响。首先是败坏了党政风气，损坏了党和政府及干部队伍在人民群众中的良好形象。其次是加大了企业经营的风险。最后是造成了企业间竞争的"不公平"，市场经济秩序会被打乱，极易形成畸形的利益共同体，导致社会风气的腐败。

第二部分
传承与创新是企业经营之本

二、政商交往是正常人际关系

其实，政商关系就是一种人际关系，但政商关系是一种比较特殊的人际关系。官员负责具体制定维护经济稳定发展的规则制度，而商人只需要按照规则开展生产经营活动。只要官商各司其职，各得其所，市场经济活动就会正常运行。然而，如果在这个过程中出现违规违法行为，正常的人际关系就会被打破。一旦东窗事发，必然伤及双方。因此，政商之间要保持一种正常的关系。具体来说，对于政府官员而言就是要做到官要"管"商，但不得"扰"商，不得"攀"商。对于商而言，商要"敬"官，但不得"诌"官，不得"贿"官。

三、政商交往要重"感情投资"

运用"感情投资"的方式维系政府与企业的关系是企业的一项重要工作。对政府的"感情投资"要注意以下几个方面：一是遵纪守法。企业经营活动必须符合国家的政策规定，企业要自觉接受政府有关部门的管理，合法经营，照章纳税。只有在这样的基础之上，才有可能和政府建立起融洽的关系，进而实施感情投资。二是间接投资。所谓间接投资是指企业不直接和政府打交道，而是在政府关心的事务中积极表现，以争取好感。比如，各种社会捐助，特别是大规模的、受政府关心的捐助活动，像赈灾济贫、希望工程以及各种募捐等。三是加强沟通。只有经常交流沟通，才能增强相互了解，加深感情。对于企业的具体情况，政府不一定非常了解，所以及时向政府部门汇报情况，加强沟通，争取政府的支持就显得非常必要。只有加强沟通，企业才能及时了解政策的变化，规避政策风险，防患于未然。当然，在进行"感情投资"的同时，切记要讲究原则底线，即：坚守法律底线、坚持公平原则、遵循道德规范。

四、政商交往要"适度"

我们说的"适度"，就是恰到好处，不偏不倚。习近平总书记提出构建"亲""清"新型政商关系，形象道出了两者相处"亲密"而不失"分寸"的正常状态。在政与商的交往活动中，政商双方在遵守法律法规红线的基础上，也要保持在人之常情范围之内，体现政府与企业的"人情味"。如果二者距离太大，"老死不相往来"，关系疏远，不利于相互理解和沟通，不利于相互支持和帮助，不利于党政方针政策的贯彻落实及经济社会的健康发展。

第六章　创新经营理念，谋求高质量发展

高质量发展是新时代的客观要求。而要实现"高质量"，还得从创新经营理念入手，夯实高质量发展基础，才有利于长远稳定发展。在这方面，应做好以下工作。

第一节　要把员工放在第一位

企业的任何事情都由员工去落实。无论是企业产品的高质量，或是整体发展的高质量，都离不开员工的高质量。因此，把员工放在首位考虑，才有可能实现企业的高质量发展。

一、坚持"员工第一"的理念

产品是靠员工生产的，市场是靠员工竞争的，形象、资产是靠员工

的汗水凝结的。员工确实是企业的脊梁和希望，是企业的生命之源。"员工第一"经营理念的提法一点都不过分。

企业的构成不只是土地、厂房、设备、资金等硬件，更重要的是能拿硬件创造利润的广大员工。没有他们的努力，企业就不可能活下去。企业如一条汹涌澎湃的河流，日夜奔腾不息，而每个员工恰如一滴水，奔腾的河水则是他们汇集而成的。他们无论处在上游、中游、下游，总能在适合自己的刹那间汇入其中。这一滴一滴的水，这一个一个的员工，凝结成企业在市场上的竞争力、在市场上的文化力、在市场上的生命力，这就是企业核心竞争力的质的要素。它是任何一个企业管理者都不能忽视的重要问题。员工是企业的主体，我们应该坚持"员工第一"的理念，爱护善待员工。

二、坚持"合作共赢"理念

"合作共赢"的理念，是企业应该遵循的成功之道。在企业经营过程中，单枪匹马吃独食的时代已经一去不复返了。做企业既要有合作的策略，又要有"共赢"的胸怀。"合作共赢"的理念，不仅要在企业以外运用，更要在企业内部员工身上体现。只要为员工着想，帮助员工成长，必然换来员工的奉献和忠诚，实现企业的"合作共赢"。

企业不应该是老板个人发财致富的工具，应该成为共同致富的平台；企业负责人应该成为"一家之长"，担负起关心员工的职责；不但让员工有好的收入，还要有当家作主的尊严，成为他们遮风挡雨的靠山。

与员工"合作共赢",首先要把员工当成企业的主人,而不是"打工的";极力维护其合法权益和尊严,而不是"板着脸"训斥员工的"监工"。其次,应支持企业工会组织成为真正能为员工说话办事的"娘家人",并积极开展多样的职工培训、劳动竞赛、岗位练兵、争当能手以及各种文体活动;每年年终开展评选先进集体、先进生产(工作)者和先进标兵活动。再次,要按有关规定签订劳动合同,为全体员工办理养老保险、医疗保险、住房公积金等。最后,提高员工工资。2001年诺贝尔经济学奖得主乔治·阿克尔洛夫提出的"效率工资理论",即企业支付给员工比市场平均水平高得多的工资。效率工资看上去不划算,却带来很多好处。一方面,虽然员工的用工成本增加了,但招聘和培训支出下降了;另一方面,高额工资会使员工加倍珍惜现有的工作,从而稳定员工队伍,提高劳动生产率。

三、坚持"共同成长"的理念

帮助员工成长是企业的责任,也是企业发展的需要,企业老板要有"企业是教育平台"的理念。除了"师傅带徒弟"外,还要做好培训工作。一是要对新员工进行较全面的上岗前的培训,不仅要有技能知识内容,还要有企业文化的培养等。二是办好职工夜校,打造学习型组织,使员工结合本职工作,学好专业知识,做到学用结合,不断提升思想工作水平。三是对优秀者进行更高层次的培训,并从中选择具有发展前途的人才，送到大专院校进行脱产或半脱产学习，使他们逐渐成长为未来的接班人。

第二节　建立良好的人才机制

失败企业与成功企业最明显的差别就是：失败的企业留不住人才，用不好人才，更不会创造人才；成功的企业不仅能留住人才，而且善于把普通员工培养成杰出人才。因此，建立良好的人才机制，是企业成功的关键。

一、用人才机制聚才

"栽下梧桐树，引来金凤凰。"聚集人才重要的是建立良好的人才机制。我们认为应做好以下几点：一是要建立健全以"股权"为主的人才合作共赢机制，真正实现老板与人才"双赢"；二是要以高薪酬、高待遇为基础，为人才提供良好的工作、成长、生活环境；要以"结果"为导向，不以制度规定为借口，将人才拒之门外或约束创造性发挥。三是尽可能地减轻人才的压力和束缚。对人才的管理，要以"结果"为导向，充分发挥民营企业灵活性的优势，针对个人的特点，采取个性化的方法。比如上下班时间、项目变更、外出考察学习，以及办公设备等，都要尽可能地满足个人需求。不能用所谓公司有成文的或不成文的规定，将人才拒之门外或约束其创造性发挥。试问："你是愿意守着规矩死，还是留着人才活？"四是以自身培养为主。

二、用真诚之心爱才

企业经营者都明白企业离不开人才的道理。但一些人做起来往往用心"不到位"，具体表现为：低看人、权难放、钱难舍。"低看人"就是老板认为他人都不如自己，都是打工者；"难放权"就是觉得企业是"我"的，员工只是挣钱的工具，不放心授权于他人；"钱难舍"就是把钱当作"心头肉"，能抠就抠，舍不得用在人才身上。真正的人才，看到你是"小心眼儿"，自然"良禽择木而栖"，远离之。因此，在人才问题上，有没有爱才之心十分重要。一是要有惜才之心，使人才得到充分尊重。二是丢掉疑心，要用人不疑，唯才是用，知人善任。三是丢掉"钱"心，给员工以适当的高薪待遇，舍得花大钱揽才，对看好的人才，要舍得培养。

三、以"大智慧"驭才

企业不仅需要集聚人才，还要有善于驾驭人才的智慧。任正非曾说："我不懂技术，我不懂管理，也不懂财务，我手里提着一桶糨糊，像西方说的胶水那样，把人才黏合在一起。"任正非正是靠"浆糊哲学"这一智慧，聚集了大批优秀人才，带出了优秀的员工队伍。靠智力人才资本，仅用20年左右的时间就把企业打造成为世界级的。因此说，企业老板必须成为智慧型驾驭人才高手。

驾驭好人才的智慧与读书多少无关，企业家只要在这方面加强修炼，是能做好的。一是与人为善，谦虚随和。老板要有宽阔胸怀、待之以诚、宽容失败、谦虚随和、平易近人、善于沟通的人格素养。二是知人善任，人尽其才。作为领导只需掌握人才，并最大限度地发挥他们的积极性。三是用人不疑，信任为上。对感觉不错的可用之人，就放心使用、大胆使用。四是用人之长，避人之短。人才也未必样样都精通，应根据具体情况选用合适的人才。

第三节　选择合适的经营方式

一、扎根实业，立足长远

所谓"实业"，就是"实体企业"，主要是指提供基本生活资料和生产资料功能的企业。其中，制造业具有"实体企业"的显著特征。"实体企业"对经济的发展起着重要的作用。我们之所以提倡民营企业把实体企业作为一个优选方向，是基于民营企业的特性和社会经济发展的要求。因为"实体企业"是生产力的主要表现形态，能够直接有效地创造价值和提供服务,受市场波动的影响小、风险低,具有较强的稳定性,有利于经营者和投资人长期投资,较容易打造企业和产品品牌,有利于形成和提升较长期的社会信誉度,有利于企业做强做大做久和基业传承。同时,从长远看,做实体企业,有利于员工队伍的稳定,有利于为社会增加就业岗位和提供较稳定的税收。

我们所说的务实,还有产业选择上,要把制造业及服务业作为重点,这是由民营企业的特点决定的。再从人的社会价值看,一个人,无论他的生意做得有多大,多么富可敌国,但如果缺乏企业这个实体,他只能影响少数人,无力影响一个行业、一个领域,更不用说影响全社会。如任正非通过华为公司影响了中国通信业的发展,曹德旺通过福耀公司影响了中国乃至世界汽车玻璃业的发展。中外企业家们通过企业实现了他们的梦想,也实现了自身存在的价值。

二、深耕"专精",突显特色

就企业来说,应该把"专精化"作为首选。因为,大多中小企业在人才、资金、技术、管理、经验等方面实力有限,难以四面开花多元化经营,应该选择一个真正值得努力和专注的目标,握紧拳头,坚定不移地走"专精化"的道路。特别是中小企业机制灵活,能发挥"小而专""小而活"的优势,专注于某一细小产品的经营上不断改进产品质量,提高生产效率,以求在市场竞争中站稳脚跟,进而获得更大的发展。

所谓"专精化",包括"专"和"精"两方面。"专",就是对适合自身的业务要"专业、专心、专注",把有限的精力集中于某一个领域某一种业务,深耕细作。所谓"精",就是做细做深,做到极致,发扬"工匠精神",在生产管理、产品技术等方面精益求精。许多经验告诉我们,做精才能做好,做精做细方可做大做强。

三、技术领先,打造品牌

科技水平是企业高质量发展、健康发展的重要体现。然而,一个企业的科技水平,常常又是通过企业品牌和企业产品表现出来的。品牌是企业的标志,是一个小企业逐渐成长为大企业的媒介,所以,品牌战略不是等企业大了以后做,而是利用品牌做大企业。要做好一个产品品牌,必须有技术水平作支撑。一个企业科技水平的高低是由产品体现的,而产品品牌水平的高低又要科技来支撑。二者相互依赖,相互作用。

品牌是创新企业核心竞争力的源泉,是企业实现国际化的关键。在产品竞争日趋激烈的今天,市场经济从某个角度可以说是"品牌经济"。品牌已成为企业核心竞争力的重要构成部分,它对企业的市场形象有独特的提升作用。企业只有持续不断地推进品牌战略,进而推动和发展企业的竞争优势,才能让品牌成为企业的"终身财富"。

企业必须提高对科技强企重要性的认识,把提升企业科技水平作为战略放在重要位置;把有限的资金用到具有自主知识产权的技术研发上;

第二部分
传承与创新是企业经营之本

引进高科技专业人才,搭建高水平的研发平台,不断增强产品的科技含量;引进或研发先进的机器设备,以生产适应未来市场发展要求的新产品。

第七章　创新"制度安排"，谋求固根健体

企业制度安排是指企业经营管理领域内约束人们行为的规则，是发挥人们的主观能动性、合理调节企业发展的各种机制，以达到企业各种因素的合理发挥。企业制度安排的构建决定着企业发展的方向、质量及效益，对企业的健康成长有着重要意义。因此，创新"制度安排"是企业的一项重要任务。

第一节　坚持体制创新，打造"命运共同体"

一、使企业成为"命运共同体"

大家对《西游记》的故事耳熟能详。唐僧为实现"普度众生"的伟大梦想去西天取经。观音菩萨认为，单靠唐僧一个人是不可能实现的。就组成了一个唐僧当领导，孙悟空、猪八戒应对各种困难的人才代表，

第二部分
传承与创新是企业经营之本

白龙马、沙僧踏实能干忠诚的职工代表的"命运共同体"。由于他们三方团结一致,密切合作,经过千辛万苦,克服九九八十一难,最终实现了西天取经的战略目标。他们个人也都圆满实现了人生价值的伟大转变。

应该说,《西游记》的故事与企业有诸多相似之处。老板和员工只有团结一致,密切合作,打造一个"企业+老板+员工"的"命运共同体",老板和员工才能实现各自的梦想,最终达到合作共赢的良好局面。因此,企业要实现自身的战略目标,应首先在企业内部建立起良好的管理体制。

企业管理体制是企业生产经营活动的管理机制、管理机构、管理制度的总称。简言之,就是企业内部如何平衡各方面利益关系的经营管理方式。

二、实施"共同持股"方案

让企业管理人员、技术人员及企业普通员工购买企业股份,或者对作出突出贡献的员工奖励企业股份,或者对高层管理人员实行股票期权制,分散企业股份,并利用股份形成企业和员工真正的利益共同体。要改变老板持股的"一人独大"或家庭成员持股资本高度集中现象,体现多劳多得和公平理念,还应建立健全合理的薪酬体系。对于不同行业有共性的岗位,制订出具有竞争力的薪酬水平;对骨干员工或重要岗位员工,要舍得付高薪,减少核心员工的流失。

奖惩分明、重奖重罚，让员工知道，只要有付出有贡献，就一定会有好的回报。

三、实现"幸福快乐"目标

未来的企业应该是一个和谐快乐的家园。在企业这个家园里，每个员工都能快乐地劳动，贡献自己的聪明才智，实现人生价值。老板要成为智慧的家长式老板，将员工视为上门帮忙的伙伴；尊重他们的人格，维护他们的尊严；对他们的错误和不足，应以教育为主；关心员工的家庭生活，帮助他们解决困难。微软公司提倡家庭式的管理，要求所有上司都关心员工，让员工感觉到微软是一个大家庭。在这方面，高层管理者总是以身作则，很关心员工的生活，经常提醒员工不能因为工作而忽视自己的健康，并让人力资源部门和各级主管制定切实可行的保健措施，保障员工的健康。全体中层管理者在他们的带动下，都非常关注下属的生活，微软形成了一种亲密无间的氛围。

总之，老板舍得对员工投入，投入越多，他们为企业发展贡献越多。人心都是肉长的，老板爱员工，员工就会像爱家一样去爱企业，无私奉献，为企业的发展壮大尽心尽力。

第二节　坚持机制创新，打造"文化型企业"

一、以企业文化铸造整体凝聚力

从中外许多成功企业那里，我们可以清楚地认识到，企业文化是企业核心竞争力的基础，也必将是未来市场经济第一竞争力，是企业的一项基础素质。只有效益没有文化的企业，只能是没有灵魂的僵尸，被社会抛弃将成为必然。从外部看，由于一部分企业形象缺乏文化元素，社会上视其为"山寨"，视老板为"土豪"，自然得不到支持与合作。从企业内部看，员工忠诚度不高，对企业发展缺乏信心，人才外流严重，团队缺乏凝聚力、号召力等，给人们一种没有生机、没有多大前途的感觉。因此说，一旦毁灭了自己的企业文化，失去了传承载体，企业就会陷入迷茫之中。

企业虽然是追求利润的，但企业如果仅仅追求利润则不会是一个长久的企业和伟大的企业。企业文化最终目的应该是企业社会价值的最大化，即经济效益和社会效益的最大化。企业文化建设首先考虑的是企业的目标与宗旨，塑造企业的未来。现代优秀的企业家通过企业文化建设，使企业成为公众和社会创造价值的机构，能够与社会共生共荣，共同发展。

二、以企业文化增强市场竞争力

具有特色的企业文化是企业的核心竞争力。它的独特性和不可模仿性是企业在经济全球化的进程中竞争的法宝。

一些企业经营者由于文化程度偏低，对文化的重要性认识不足，在思想上把多赚钱作为企业的重要使命，目光短浅、急功近利。他们认为，文化无用、搞企业文化建设是"虚"的；说起来重要，做起来次要，忙起来不要；有的为赢得社会好感，只贴贴标语、喊喊口号、印几本小册子、搞点文体活动，装装门面就完事。其结果是把企业文化建设与企业的经营活动隔离或对立起来。

企业对企业文化建设的误区，归根结底还是对企业文化的认知缺失。在长期的实践中，企业管理方针和原则逐渐演变成了企业的理念和价值体系，这就构成了企业文化的内容和形式。它源于企业管理者的一种高度抽象概括，它植根于企业经营管理的实践，又高于具体的管理制度和管理措施。它产生的基础是依据企业内外环境的变化和市场竞争的需要，结合企业的历史、现状和发展趋势，用比较精确的语言提炼出来，它具有形象、独特且难以模仿的特点。

事物有了文化内涵，就会有较高的知名度、影响力、生命力。品牌实力的形成，文化是基本内涵，能让客户心悦诚服。企业有了文化内涵，就会充满活力和生机，就会在市场竞争中独具魅力，就会有不可替代和不可模仿的核心竞争力。现代经济不是胜者为王，而是"剩者为王"。

第二部分
传承与创新是企业经营之本

三、在创新中使企业文化展新颜

企业文化必须与企业内部和外部环境相匹配，一旦企业战略等内部因素发生变化，或市场供求关系发展变化，或存在企业传统产品与顾客需求之间产生落差，企业应努力改变其文化与之相适应。企业文化建设必须不断创新，与时俱进；必须合理地处理好破和立的关系。没有对旧文化的有效变革，就不会有新文化的成长与发展。

当企业处于高速发展时，企业在很短时间内实现大规模的拓展或者从单一经营发展成为多种经营，从而使公司进入新的环境。这种主动性的高速扩张，必然会出现原有企业文化和新的经营环境不相匹配，为此必须主动重塑企业文化，否则这种高速发展的势头会产生挫折，甚至失败。

当今，随着企业年轻人的大量加入，企业文化必须朝着适合年轻人的感觉发展。不少青年员工是"独生子女"，他们的成长环境与老员工有诸多不同。他们喜欢的是"开放、尊重、平等"的组织和管理者，不太愿意被控制，总想发表一下自己的意见，以"吐槽"的方式与领导交流。年轻人之所以这样，是因为他们所获得的知识和信息面比较广，思想比较活跃、超前。因此，企业文化应不断创新适应年轻人，从而更好地留住年轻人才。

第三节　坚持制度创新，推动企业变革

2023年9月发布的《中国家族企业与共同富裕研究报告》显示，家族企业占我国民企总数的89%以上。家族企业的优势是有利于创业，劣势是不利于发展。面对新时代，变革"家族制"是家族企业躲不过的坎。遵循"适者生存"的自然规律，积极推进家族制变革是当务之急。

一、正视家企生存发展"时代危机"

所谓家族企业，就是指企业的所有权和经营权全部或绝大部分归一人或一个家族所有的企业模式。家族企业虽然在创业之初的生存阶段有不少优势，但也为以后的发展形成了诸多障碍。"家族制经营"变革势在必行。一是共同富裕的大趋势。应看到，家族企业经营发展的要素，除了家族企业成员的投资外，还有党和国家的政策支持，地方政府和社会的支持，企业的员工辛勤劳动。如果长期独吞企业利润，是不公平、不公正的。家族企业成员应该转变观念，与时俱进。二是家族企业的优势正在消减。家族制管理的经营模式，主要表现为在家族成员中可以解决筹资难问题；从家族成员中经营管理人才选择较为容易；吸纳家族成员加入，可降低管理难度和生产经营成本。这与非家族企业相比有着明显

的优势。然而随着营商环境的不断改善，家族企业的优势明显下降。继续固守家族制是不明智的做法。三是家族企业发展障碍逐渐突显。首先是战略障碍。家族企业决策的封闭性使其往往不能及时调整发展战略，使企业经营难以适应内外环境的变化，导致家族企业走入困境。其次是机制障碍。随着家族企业的成长，内部会形成各种利益集团。由于其间夹杂着复杂的感情关系，企业领导者，特别是新接班的继承者或职业经理人，在处理利益关系时会处于两难境地。第三是人才障碍。由于家族成员长期把守着企业的关键岗位，外部人才难以进入，进来的也被当成"外人"得不到重用。第四是发展障碍。家族成员往往缺乏长远发展的眼光，而社会要求企业长期发展，这就要求企业要牺牲一点眼前已得到和能得到的利润，这就会在家族成员内部产生分歧。以上这些问题，在家族企业中普遍存在，这与新时代企业经营理念格格不入，家族制管理体制严重阻碍着企业的生存和发展。

二、家企应在"自我革命"上下功夫

有这样一种说法：家族企业是"一代创业，二代守业，三代衰败""富不过三代"。其原因是这些企业从家族化的陷阱里走不出来。然而，世界上仍有许多家族企业拥有长久的成功纪录。研究发现，家族企业只要通过积极变革，形成合理的股份安排和制度保证，走出企业家族化经营陷阱，就可以迈进健康成长之路，使家族基业长盛不衰。

三、"家族式制度"变革应乘势而上

当今民营企业处于新老掌门人的交接时期。向新生代传递什么？是物质的钱和资产？还是精神及团队？这是摆在老一代创业者面前不得不做出选择的大问题。当然对年轻的新生代来说，要不要继承前辈的事业？怎么继承？同时，新老都还必须考虑的"代沟"问题，以什么样的心态"传"和"接"？对此，我们提出一些建议：一是老一代要加快家族制变革，给新一代留下一个好企业，而不是落后时代的烂摊子；二是要把艰苦创业精神作为第一位，老一代要认真总结对与错，把精神财富传给下一代；三是帮助年轻人建设一个团结高效的团队；四是老一代趁还在位，把企业中的错综复杂的关系处理好，为新一代干事业扫清障碍；五是新一代接班后要用智慧，处理好前辈留下的问题，创造新业绩，让老一辈放心。

第四节　坚持经营创新，打造"经营新形态"

适时转型为符合时代要求的新形态，是企业扩大规模，提升竞争力，做强做大的较好选择。

第二部分
传承与创新是企业经营之本

一、企业转型才能更好应对发展

所谓企业转型就是一种状态向另一种状态的转变，包括企业在不同产业之间的转换，以及不同发展模式之间的转变。也就是说，企业所在的行业或所生产的产品已经不适应国家发展需要和社会消费需求，客观要求企业重新作出选择，转向适应的领域。

首先，随着社会发展及国内外市场变化，国家出台了相应的方针政策，如环保政策、淘汰落后产能等。如果不转型，企业就会很被动。其次，不少企业处于产业链分工的低端位置，缺乏核心技术和自主品牌。要提升科技含量，增加产品附加值；向产业价值链高端延伸，消化经营成本上涨的压力。这些只有通过转型才能实现。最后，产品品种及质量难以适应和满足消费者需求，已不能适应市场竞争的要求，不转型就有可能被市场淘汰。因此，转型是环境对企业的客观要求，只有面对，不能等死。

二、企业转型需要把握好方向

企业转型要随着国家经济发展的大趋势进行。一是融入国家"双循环"战略。国家提出加快构建"以国内大循环为主体、国内国际双循环相互促进"的新发展格局。企业既要主动融入"一带一路"建设，大踏步地走向开放发展前沿；又要瞄准国内消费市场，从建立全国统一大市场的要求中，寻找适合自己的转型发展方向。二是围绕"十四五""十五五"规划选择定位。国家大力推进一大批重大项目进行投资或配套工程，必然需要企业积极参与其上下游产业链和生产配套。企业在参与补链、延链、强链中，有着较大空间。三是植入乡村振兴战略沃土。国家乡村振兴战略的提出，让农村再次成为企业快速发展的一片沃土。乡村未来要走规模化发展之路，这里拥有着巨大的市场可开拓。在建设城郊休闲型、工业带动型、城镇化发展型、农业旅游带动型等新业态的发展中，企业将会实现"华丽转身"。

三、企业转型应依据实际情况

对企业的转型，要站在战略的高度，用方向性、长远性、全面性的战略思维方式考虑。从第一产业为主向第二三产业为主转变；从劳动密集型产业为主，向资本、技术密集型产业为主转变；从制造初级产品为主向制造中间产品、最终产品为主转变，并在补链、延链、强链上多下功夫。一是对传统产业或已经出现衰败迹象的周期性行业，要根据自身条件和市场发展前景，全部或部分转向新型产业，如现代农业、文化产业、健康产业、现代服务业、高新技术产业等。二是对以家族管理模式为主的企业，要以资本为纽带，组成规模较大、具有产业龙头性质的股份企业或企业集团。三是由粗放型向精细化管理转型，加强以质量、安全、财务、营销等为重点的企业内部管理制度建设。四是科技方面，由借牌、仿制为主的企业，朝着独立自主的方向努力，自主研发新技术、

第二部分
传承与创新是企业经营之本

新工艺、新材料、新产品，创造自有专利技术、自主品牌，等等。

同时，企业转型已呈现出多样化的特点，主要有：主业不变进入新行业；退出原行业，完全进入新行业；在本行业中向上游产业延伸或向下游产业延伸；从制造业领域转向服务业领域等。整合也是一个新的特点，就是同行业之间或产业链上下游相关的中小企业及相关要素，整合为一个具有法律形式的相对较大的股份制新企业。其好处是：规模扩大，实力增强，品牌效益凸显，恶性竞争减少。总之，企业应充分发挥灵活性强的优势，结合企业实际，在转型中大显身手。

第三部分

勤奋与智慧是企业经营之器

创业故事与启示：福耀集团曹德旺

勤奋是优秀文化的传统美德，也是成功者的基石。许多创业者，在当初文化知识不多、经商能力缺乏的情况下，几乎都是靠自身的勤奋走过来的。我们现在所提倡的"工匠精神""三牛精神"等也都是勤奋精神的具体体现。任何人、任何时候如果没有勤奋精神做基础，成功都只能是"空中楼阁""昙花一现"。然而，随着时代的变迁，形势变得越来越复杂，光有勤奋是不够的，还必须不断增长智慧，才能应对复杂多变的外部环境。为此，只有把勤奋与智慧有机结合起来，才能把企业做好。

奋斗不止为"众生"，倾心竭力做慈善

曹德旺，福耀集团的创始人、董事长。1976年进入乡镇企业，1983年承包工厂，盈利后于1987年与他人合资组建福耀集团，目前是世界最大的汽车玻璃制造商之一。相继在加拿大和美国打赢了两个反倾销案。2009年5月获得"安永企业家全球奖"；2016年10月获全球玻璃协会颁发的金凤凰奖。作为一名杰出企业家，曹德旺也用自己的方式回报社会。

从1983年第一次捐款，至今累计个人捐款已达160亿元，获得了"真正的首善"的美誉。

"厚德载物，事业兴旺"。曹德旺的人生经历，给我们的启示如他的名字：以"德"而"旺"。

一、为中国人争气，填补中国汽车玻璃的空白

曹德旺小时候父母曾对他说：做事要用心，穷不可怕，最怕的是没志气。这些话像一颗种子深埋心中。后来曹德旺写了一本书《心若菩提》，把这样的"心"称之为"菩提心"。曹德旺在书中较详细记录了他经商的人生历程。

1976年，曹德旺开始在福清市高山镇异形玻璃厂当采购员，他的工作是推销水表玻璃。1983年，曹德旺承包了这家年年亏损的乡镇小厂。在曹德旺的经营管理下，企业很快扭亏为盈。一次曹德旺去县城办事，买了根拐杖准备带给母亲。上车的时候，驾驶员急忙提醒他：上车时小心，不要把车玻璃碰破，一块车玻璃要几千块。为什么那么贵？因为没有国产的，车玻璃都是进口的，不仅贵，而且等待的时间很长。

曹德旺把"为中国人做一片属于自己的汽车玻璃"作为初心，也作为责任和动力。为了这块"汽车玻璃"，他多次到上海等单位聘用专家、找技术、购设备；抓紧一切时间工作，每天早晨4点钟就起床，甚至连吃饭的时间也不放过。这块"汽车玻璃"凝聚了曹德旺毕生的梦想。为了突破日本公司的技术壁垒，曹德旺勒紧腰带，从芬兰引进了最先进的生产设备，从全国各地招聘技术人才攻关。经历了无数次失败后，终于

第三部分
勤奋与智慧是企业经营之器

研制出汽车专用玻璃。刚刚投产，市场便供不应求。而后，福耀玻璃不断引进新技术、新设备，从只生产十多种规格产品的小厂，发展到生产上万种规格产品的大公司。

二、为民富国强，必须把企业做优做大

在曹德旺看来，只有把企业做好做大了，才能为国家强盛、民众富裕多做贡献。1993年，福耀公司成功上市后，有人劝曹德旺开拓不同疆域，乘机多挣钱。曹德旺开始也心动，但反省自己："必须为自己定位，人的时间、精力、经验、资金都是有限的。""择一事，终一生，才能真正将车窗玻璃做到极致。"

为打造中外汽车玻璃名牌，曹德旺实施了一系列措施：按照国际制造业先进的管理模式和业务流程，建立了ORACLE ERP系统信息化管理平台；重视人力资源的开发与培养，与厦门大学合作对员工全面培训；实施质量成本控制体系，是中国同行业中首家通过ISO9002、QS9000、VDA6.1、ISO14001、TS16949体系认证的汽车玻璃生产销售企业；重视品牌经营，产品质量可靠、稳定，所有产品均获得美国DOT标准、欧共体ECE标准、澳大利亚SAA标准、中国GB9656及中国3C标准的认证。产品的标志"FY"商标，是中国汽车玻璃行业迄今为止唯一的"中国驰名商标"。曾获2000年度美国福特汽车公司颁发的全球优秀供应商金奖；2008年通用汽车公司颁发的"2007年度最佳供应商"奖。2006年，福耀集团研究院被国家发改委、科技部、财政部、海关总署、国家税务总局等联合认定为"国家认定企业技术中心"。

如今，福耀公司生产的汽车玻璃，代表当今世界上最高的制造水平，并拥有独立的知识产权。宾利、奔驰、宝马、路虎、奥迪等豪华品牌都是福耀集团的合作对象。在美国、德国、俄罗斯等11个国家和地区设有工厂。

三、为共同富裕，做慈善尽心尽力

曹德旺认为，企业家做慈善，关键在于"菩提心"；关键在于你对钱的态度，钱怎么来，怎么花？如果心没摆正，慈善往往做不好。要么有钱舍不得，要么把慈善做成伪善。曹德旺之所以能坚持几十年做慈善，是因为他正确把握了做企业与做慈善的关系；挣钱与花钱的关系；做人与做事的关系。这就是利己与利他的价值观。曹德旺把责任看得很重，而把钱看得很轻。他认为，企业家不仅仅是要赚钱，更要承担责任，他在用行动实现自己的人生价值。

追溯曹德旺的成功：没有背景，没有捷径，有的只是大智慧——做人的德行、经商的能力、企业家的责任。"持戒行商与持戒行善"的理念，成就了曹德旺高尚的境界：为社会提供优质产品和服务，不走私，不偷税，不投机取巧。作为中国改革开放以来创业最早的企业家之一，曹德旺的慈善捐款遍及全国各地，涉及各个领域。他已记不清自己资助了多少穷苦孩子从中学读到大学毕业，为多少次灾难提供过援助。他对社会困难有求必应，他给所有员工创造最好的工作和生活条件。曹德旺就是用这种与众不同的方式，表达自己的真情善意。

第八章 勤奋是企业成长壮大的基石

所谓勤奋就是不断努力,不停奋斗;不去偷懒,不去投机。许多企业经营者在创业过程中,都是靠勤奋克服了无资金、无技术、无市场的困难走过来的。那些缺乏勤奋的人,靠耍小聪明,投机取巧,终将被社会和市场淘汰。企业经营者只有发扬勤奋精神,奋发图强,开拓进取,才能在复杂多变的形势下,永立船头。

第一节 勤奋是企业发展的最佳之道

一、勤奋能得到"上天"的帮助

《愚公移山》的故事人们耳熟能详,其核心讲的是老愚公带领子子孙孙挖山不止的勤奋精神,也正是这种精神感动了上天,派两个神仙下凡搬走了门前的两座大山。虽然这是一个神话故事,但它反映了"天道酬勤"的社会规律。

一位哲人说:"世界上能登上金字塔的生物有两种,一是雄鹰,一是蜗牛。不管是天资奇佳的雄鹰,还是资质平庸的蜗牛,能登上塔尖,极目四望,俯视万里,都离不开勤奋这两个字。""天底下没有免费的午餐。"唯有勤奋争取,才可能得到你想要的东西。"聪明与否对一个人的将来并不重要,重要的是后天的努力和勤奋。"古今中外的无数事例都印证了这条真理。马克思的《资本论》、王羲之的书法、司马迁的《史记》、爱迪生的一千多项发明,等等。可以说,他们的成就都是靠勤奋取得的。因此说,勤奋犹如不断燃烧的火种,点燃智慧的明灯,想要收获多少,便要付出多少。

二、勤奋能够补齐自身不足

"一分耕耘一分收获",只有脚踏实地,发奋努力,才能积少成多、有所收获。一个人就算有再高的天赋,不勤奋学习和实干,也不会抵达成功的彼岸。相反,假如一个人天资平平,但是能够知拙而勤奋,却可抵达成功的彼岸。所谓"笨鸟先飞"也是有一定道理的,正如一句名言所说:"勤能补拙,天赋加勤奋就等于天才,勤奋就是天赋翱翔的翅膀。"

有一则关于曾国藩小时候读书的故事。一天,曾国藩在家苦读。一篇文章他不知道重复多少遍了,仍不停地朗读,因为他还没有背下来。这时候一个贼悄悄摸到了他家,潜伏在他的屋檐下,希望等读书人睡着之后能捞点好处。可是左等右等,就是不见曾国藩睡觉,仍然反复诵读那篇文章。这时，贼人大怒，跳出来说："你这么笨的人还读什么书！"而后，自己将那篇文章从头到尾背诵了一遍，扬长而去！

从当时背文章的速度来看，这个贼可以说是非常聪明，可是他终究是一个贼，而曾国藩却成了中国著名的政治家和军事家，连毛泽东都说："吾于近人，独服曾文正。"

三、勤奋是解决困难的有效办法

美国通用电气前CEO伊梅尔特每周工作100小时，坚持了十余年；巴菲特为了最早看到当日的《华尔街日报》，经常在凌晨4点去取报纸；曹德旺利用每顿饭节约下来的时间，翻看当天的报纸。没有人能随随便便成功。成功者不一定是最聪明、最能干的，但一定是最勤奋、最努力的。他们总是将自己要实现的伟大目标确立下来，这样就算遇到各式各样的困难，他们也能够咬牙扛住；他们从来不会得过且过，而是努力把工作做好；在事业上取得一定成就后，他们也不会停步不前，更不会将既往的成就作为自己懒惰的资本。

王永庆，台塑集团创始人。经过他的苦心经营，台塑集团如今已经成为中国台湾地区最大的企业。即便已经取得了如此辉煌的成就，他仍一如既往，坚信"一勤天下无难事"的人生理念。王永庆在遇到"富不过三代"这个问题时，他也坚持"勤奋"理念，常说："要常常警惕自己，稍一松懈就导致衰退，经常要有富不过三代的警觉。"为把儿子王文祥培养成满意的接班人，在儿子17岁时，送其到英国学习，24岁就获得了博士学位，毕业后在国外找了个专业对口的工作苦干了三年。后来回到自己家的企业中，王永庆同样要求他先从底层开始接受课长、组长、厂长、副经理的锻炼，数年之后，才让他担任部门的负责人。在王永庆的培育下，儿子以优异的成绩接过接力棒。

企业在成长发展过程中，肯定会遇到各种困难和问题，只要坚持勤奋的人生理念，再加上自身的智慧，一定能健康成长。

第二节　勤奋要用好心中"一口气"

"树活一张皮，人靠一口气"，人的气就是人的魂。志气灵气，人要是缺少这"一口气"，什么事都难做成。企业经营者既然选择了下海创业，就要心存"一口气"。因为老板"有气"，企业才"有气"，才能发展。我们认为，老板的这"一口气"，集中体现为"勇气、运气、静气"三个方面。

一、勇气是冲锋陷阵的"尖刀"

所谓勇气，既不是自信臂粗力大，也不是敢打架的蛮勇。而是在信念和责任心支撑下的胆略。

真正的勇气是永不言败、勇往直前的精神力量。有了这种精神力量，

第三部分
勤奋与智慧是企业经营之器

经营者才能够顶天立地、无所畏惧，才敢于面对一切障碍，正确判断，摆正经营之舵，在风浪中勇往直前。同时，还要有很强的责任心，即"无论如何都不能让公司垮掉"。

真正的勇气是一种精神。主要表现在对事物进行判断上，即使受到威胁，受到中伤和诽谤；即使面临损失或灾难，仍然毫不退缩，坦然面对，对风险状况认真评估，冷静决断，并敢于担当后果。

真正的勇气具体表现为：一是不畏失败，敢于尝试。如果没有勇气，不敢尝试，你永远都不会拥有机会。二是承认错误，从失败中学习。只要冷静分析失败的原因，说不定下一次成功就会来敲门了。三是远离恐惧，挑战困难。一个人想要在工作中出类拔萃，就必须面对各种各样的艰难险阻，只有抛弃自己的疑虑和恐惧，才能做一个勇往直前的战士。四是勇于放弃已经获得的东西。当新的机会摆在面前的时候，敢于放弃已经获得的一切。要做到这一点，则需要更多的勇气。

二、"运气"是持续准备的"硕果"

所谓的好运气是：机会到来的时候，恰好撞上了你所有的努力。因而，真正的运气不是天上掉下来的馅饼，也不是上天给的"命运安排"，而是靠自己的勤奋努力去"运"才能得到的。这个"运"，就是为未来的目标去运作，也就是为取得成功做"准备"。有些人没有成功，就以运气不好为借口。这是对运气的误读，是拿运气为自己的不努力或失败找借口。我们每个人从生下来的那一时刻起，就作为独立的个体生命存在。

现在的"命"是过去的选择、行为、造作和环境共同导致的。更多时候都是命由我作，福由己求。

"运"是人一生的经历和趋势，每个人的运势不是一成不变的。运势就和"心电图"一样起伏不定。运势有受环境影响的部分，但更多的是和自身价值观、思维方式、行为习惯、处事方式等有关。不同的行为，会造成不同的人生命运。

只有当知识才能、不懈努力、善于把握，这三者合为有机统一体，共同发挥作用的时候，运气才会降临到你身边。

三、静气是成熟者的"大智慧"

古人言："静以悟道。心有多静，路就有多宽。"老子说："归根曰静。"人生在世，守住一个"静"字，方能回归生命的本然。诸葛亮以空城计胜司马懿，这是"静"下来的智慧。曾国藩说："先静之，再思之，五六分把握即做之。"遇事不能控制情绪，便会被情绪所控制。忍得一时之气，可免百日之忧。晚清政治家翁同龢曾写过这样一副对联："每临大事有静气，不信今时无古贤。"是说能干成事的人，并不是没有挫折，而是他们遇事不慌张。在生命的长河里，难免会有激流险滩，不慌张，不畏缩，方能柳暗花明。

以静制动，先静而后谋，先谋而后动，问题就可以迎刃而解，化险为夷。企业经营者在决策时，静气能左右事情的发展方向；根据形势需要，找准自己的策略，才容易把握机会，该出手时就出手。

第三节　勤奋应具备的"一点精神"

一、"艰苦奋斗"精神

艰苦奋斗是中华民族的优秀传统，人们为了过上好日子，世世代代吃苦耐劳。从远古时期《愚公移山》故事中老愚公挖山不止的精神，到现代《红旗渠》故事中的林县人民开山引水的精神，反映的是一个主题，就是艰苦奋斗。不等不靠，宁可吃苦，决不苦熬。奋发有为的红旗渠精神，感动了许多人，充分证明了来自内心奋发有为的精神，是做好一切事业的内在动力。习近平总书记在河南安阳视察时指出，红旗渠就是纪念碑，记载了林县人民不认命、不服输、敢于战天斗地的英雄气概。正是一代又一代人接连不断地艰苦奋斗，才有了今天中国人民的小康生活。

很多民营企业家就是靠艰苦奋斗的精神一步一步走过来的。如创造的"走遍千山万水、说尽千言万语、想尽千方百计、吃尽千辛万苦"的"四千精神"，就是民营创业人艰苦奋斗的真实写照。也正是这种精神，使浙江成为中国经济发达的省份。任正非正是把艰苦奋斗作为华为的价值观，从而使华为取得了一次又一次的成功。艰苦奋斗是民营企业走向成功的传家宝。当今的新生代，仅仅接过前辈创造的财富是远远不够的，还应该把前辈的精神接过来，像上一代创业者那样艰苦奋斗，把青春热血镌刻在历史的丰碑上。

二、"努力向上"精神

新东方教育集团董事长、总裁俞敏洪认为,"像树一样活着"是民企"奋发有为"精神所在。他说,应该像树一样活着,而不应该像草一样活着。即使我们现在什么都不是,但是只要你有树的种子,即使被人踩到泥土中间,你依然能够吸收泥土的养分,让自己成长起来。当你长成参天大树以后,遥远的地方,人们就能看到你,走近你,你能给人一片绿色,一片阴凉,能帮助别人,即使人们离开,回头一看,你依然是地平线上一道美丽的风景线。

第九章　智慧是企业适应新时代的锐利武器

第一节　智慧是长期实践的经验总结

一、智慧是高层级思维方式

国学大师梁漱溟说：人之区别于动物者，是人类有智慧。人要生活工作得好，不断取得成功，离不开智慧。因此，只有做个有智慧的人，才能使自己的人生更精彩。

什么是智慧？明白一切事物叫做"智"；了解一切事理叫做"慧"。智：是使用眼、耳、鼻、舌、身、意，去观察、思虑、分析，形成心计，可以理解为知识广博，细致入微；慧：是内心通过对大量信息梳理、加工，形成理性判断，能通心神，可以理解为思想深刻，豁达宏观。总的来讲，智慧就是一个人辨析判断、发明创造的能力；是立足于个体或组织谋取成功的一种思想武器；是别人没想到的你想到了，别人想到了你想得更细更远。通俗地说，智慧就是聪明才智、头脑灵活，以找到解决困难和问题的思路办法为目的。

二、智慧是辨析判断的能力

辨析判断能力是指人对事物进行剖析、分辨、单独进行观察和研究的能力。辨析判断能力较强的人，有着独到的成就和见解，并能进入常人难以达到的境界。同时，辨析判断能力的高低还是一个人智力水平的体现。在工作和生活中，经常会遇到一些事情、一些难题，分析判断能力较差的人，思来想去不得其解，以致束手无策；反之，辨析判断能力强的人，能自如地应对一切难题。一般情况下，一个看似复杂的问题，经过理性思维的梳理后，会变得简单化、规律化，从而轻松、顺畅地被解答出来，这就是智慧所表现出来的辨析判断能力的魅力。

作为企业领导人，遇到问题时，要多问几个为什么，认真听取各方面的意见，辨别是非，不要盲目作出是或不是的判断。能从一份简历、一个汇报中迅速分析出问题，判断出利弊。这就是老板应具备的能力和智慧。

三、智慧是与时俱进的力量

人们要靠自身的智慧，将各种有形资源和无形资源、硬性资源和软性资源，以其合理的想象，科学地组合成人类的要求，推动着人类社会的发展和进步。世界上许多伟人或实业家，他们都是依靠智慧的力量，既推动了社会的进步发展，也成就了自己辉煌的人生。那些依靠自身的"大智慧"创造丰功伟业的人，必将被人记住，受人敬仰。今天我们的社会，已经进入了文明高度发展的智慧新时代，必须与时俱进，用智慧铸造人生。作为企业经营者，依据"小聪明"挣钱，必将被人们瞧不起，迟早要被淘汰抛弃。智慧经营才是唯一选择。

第二节 智慧提升才能更好服务未来

一、聪明需要提升为智慧

有些民营企业老板很困惑：我的脑子够聪明了，可为何还是做不好企业呢？其实，你认为的聪明，并非是智慧。所谓聪明，是指的一个人脑袋灵活、天资高、记忆和理解力强。那些聪明人只有在特定的环境条件下，能够得到一些短期的、很小的利益。靠聪明甚至是小聪明经营，有些企业虽然活下来了，但走得很艰难，做不大，也走不远，甚至会造成"聪明反被聪明误"的结局。有一位学者对聪明人易犯的错误作了这样的剖析：自命不凡、停止学习、嫉妒他人成功；过于相信自己的判断；忘记了没有调查就没有发言权；认为世界是静止的，生活在过去的荣耀中。

智慧与聪明的区别是：智慧者有他人意识，聪明人只有个人得失；聪明人成"己"之美，而智慧者成人之美；聪明人知道自己能做什么，而智慧者明白自己不能做什么。拿得起来的是聪明，放得下的才是智慧。聪明人渴望改变别人，而智慧者总是顺其自然。在现实生活中，聪明人只是不吃亏的人，而智慧者则是能吃亏的人。比如做生意，聪明人总能把利润赚足；而智慧者绝不追求最大收益，有些生意甚至赔钱也做。因此，聪明人只有不断提升才能成为智慧者，才能把企业不断引向未来。

二、知识需要转化为智慧

15世纪郑和下西洋开辟海上丝绸之路时，为把中国轻薄如纸的瓷器推向国外市场，中国商人先把精雕细刻的檀木箱和小檀木箱，钉在船舱地板上的大木箱里，四周用茶叶塞满。即使在海上遇到风浪，商家也可高枕无忧。更绝的是，货船到岸，中国商人把茶叶筛选分包，卖给茶商。小檀木箱当成首饰盒，卖到各地古玩店，大的可以当茶几、橱柜，最后卖的才是瓷器。

知识并不是真正的智慧，最多知道是什么，而往往不知道为什么；只知道跟着他人去做，而不知道开动脑子去想，创造出新东西；或者说，只知道照本宣科，不知道举一反三、触类旁通。只有那些既爱学习，又爱动脑分析问题，能够博采众长，从知识中悟出理中之理，化无形为有形，对所面临的困难和问题，及时找到解决办法，这才能称为智慧。只有当知识转变为智慧，人才能有所成长。

第三部分
勤奋与智慧是企业经营之器

三、小智慧还要努力"长大"

在电视剧《马向阳下乡记》中的马向阳，是商务局的一名干部，被派到山区一个贫困村做扶贫工作。其间他遇到了不少困难，都被他化解摆平了。他还拿出30万元帮村里解决困难，请来专家对村里的土壤化验，种植富硒农产品进入市场，使全村走上了致富路。当地村民称他是有"大智慧"的人。

在现实生活中，我们可把"智慧"分为"小智慧"与"大智慧"两类，区分的标准主要是指所涉及范围、程度不同。"小智慧"所涉及的范围较小、程度较低；而"大智慧"所涉及的范围是绝大多数人，服务程度上是解决根本性、长远性的高层次问题。

我们用战略的思维和眼光来看：小智慧是战术性的，大智慧则是战略性的。战术性的智慧是局部的、短期的人和事；战略性的大智慧则是带有全局、长期和根本性的人和事。

企业在经营管理过程中，经常会遇到各种战略性的大事和战术性的小事。这就要在解决问题时，有选择地采取大小不同的智慧方式进行处理。这是因为，"小智慧"只会在小是小非、小范围上起作用，只能在"风和日丽、风平浪静"的条件下起一定作用，一旦遇上大问题就会失灵。如果要把企业做大、对社会有大贡献、成为大企业家，就必须有大智慧的思维方式。被称为企业家的曹德旺，他的成功靠的就是大智慧，他成功的经验，非常值得企业管理者学习借鉴。

第三节 企业未来发展需要"大智慧"

真正意义上的企业家,必须具有大智慧。经营者只有努力学习和认真探索,才能成为社会期望和自己想要成为的真正企业家。

一、"大智慧"才能把握"大势"

哲学之所以被人们称为聪明学,是因为它揭示了一个普通的道理,即"既要埋头拉车,又要抬头看路"。这句话也是对哲学概念最通俗的解释。作为企业经营者,也许不想成为哲学家,但你必须是一个有大智慧的人,在你埋头做事的同时,应该抬头看看大势。

所谓"大势",就是事物发展的趋势和大局演变的基本形势。企业经营者通过了解分析"大势",就会比较清楚地知道该做什么,不该做什么,少走弯路。站在风口上,把握时代发展的趋势,顺势而为,才可以乘风破浪前行。

"大势"主要有以下几方面:

第一,政治大势。作为一个国家发展的主张,包含着一系列重大社会发展事件和政治规定,朝着这个方向努力前行,就比较容易成功。否则,就会犯错误,或被社会抛弃。如有的企业在海外市场与国家争夺项

第三部分
勤奋与智慧是企业经营之器

目,利用金融平台揽钱,搞垄断与老百姓争利,以及制造有毒食品、破坏自然环境,等等。

第二,经济大势。经济发展的走向,与每个企业的命运息息相关。如国家推出的"十四五"规划及2035年远景目标、"一带一路"倡议、加快高质量发展,等等。这些经济发展趋势不仅为企业发展指明了方向,更为企业提供了许多发展机会。只有准确预判这些大势,才能抓住机会,不断壮大自己。

第三,科技大势。当今世界已进入前所未有的新时代,知识、科技将取代自然资源和资本,成为社会发展的最关键要素。科技创新将成为新时代的一大特征。然而,科技发展在为企业提供众多机会的同时,也将对传统产业形成巨大冲击,动作上稍有迟疑,就有落伍或淘汰的可能。所以密切关注科技发展趋势,加大科技创新的力度,及时推出升级换代、适销对路的新产品,是企业不容忽视的大问题。

第四,市场大势。企业作为提供和满足各种消费需求的组织,应积极主动顺应需求、发现需求、创造需求。顺应需求就是生产适销对路的产品和服务,密切关注同行业提供的产品和服务所存在的共有缺陷,有针对性地提高产品和服务的质量;适时推进"蓝海战略",开创无人竞争的市场领域,独享新市场的利润空间。

二、"大智慧"才会有"大目标"

一个人之所以伟大,是因为他树立了一个伟大的目标。伟大的目标可以产生伟大的动力，伟大的动力产生伟大的行动，伟大的行动必然会成就伟大的事业。小目标，小成功；大目标，大成功。因此，只有拥有一个远大的目标，才能够高瞻远瞩，才可能取得大的成功。

古罗马哲学家小塞涅卡说："有些人活着没有任何目标，他们在世间行走，就像河中的一棵小草。他们不是在行走，而是随波逐流。"胸怀大目标的人，既不会为眼前小小的"成功"所陶醉，也不会被暂时的挫折所吓倒。他们心中十分清楚，在实现目标的过程中，肯定会遇到一些艰难险阻。踏踏实实地处理前进道路上的每一个障碍，终有一天，你会到达目的地。

有一些企业之所以做不大或不想做大，是因为经营者头脑中有"小富即安"的思想观念，心中缺乏伟大目标。他们只想做"小鸟"，过安逸无风险的日子；而不想做"雄鹰"，展翅高飞。殊不知，在复杂多变激烈竞争的市场经济大风大浪中，那种"安逸无风险的日子"长久不了。只有像"雄鹰"那样，迎风破浪，奋力拼搏，努力把企业做强做大，才能成就"大我"。

三、"大智慧"才可能"一次成功"

创业者都希望做事能一次成功，因为有很多好处：首先，一次成功可以培养一个好的心态；其次，一次成功避免了资源的浪费；最后，第一次没有坚持到底，往往会影响随后的事情。

尽管人们常说"失败是成功之母"，这好像是失败后的一种无奈，是对失败者的一种鼓励，好像一句话就能让失败者都能重整旗鼓，东山再起。其实不然，失败者能爬起来的是极少数，绝大多数失败者，因信心受到打击，资源损失惨重，很难爬起来。因此，我们还是鼓励创业者一次成功。要么不做，要做就要成功。不妄动，不冒进，做好准备，动必成功，这是创业者应具有的大智慧。

四、"大智慧"才可能减少"失败"

人们做事都想"成功"而不想"失败"。但"失败"是客观存在的普遍现象，难道不谈"失败"就不会出现"失败"了吗？显然不是，这只不过是掩耳盗铃的"鸵鸟式"思维。现实生活中，"失败"的概率与成功相比，从来都是"居高不下"。只有正视失败，一开始就对它有一个清醒明确的认知，按照"谋成先谋败"的规律去思考问题，才可能避免和减少失败，才能达到理想的效果。

中国当代著名哲学家、教育家冯友兰，对成败问题写过一篇精辟的短文。文中他首先引用了纪晓岚《阅微草堂笔记》中的一段记载：有一个棋迷，有时赢，有时输。一天他遇到神仙，便问下棋有无必赢之法。神仙说没有必赢之法，却有不输之法。棋迷觉得能有不输之法，倒也不错，便请教此法。神仙回答说："不下棋，就必不输。"

接着，冯友兰说："这个故事讲得很有道理。一切事都是要么成功，要么失败，怕失败就不要做。自己的棋艺很高明，难免遇到比自己更高明的对手；自己棋艺不佳，也许遇上比自己棋艺还不好的对手，这时便也可成功。其他事业也是如此。"

微软前首席技术官内森·梅尔沃德曾说:"当有人说他们永远不可能失败的时候,他们要么是自欺欺人,要么只是在做一些无聊的事情。"

我们从以上对失败问题的论述中,可以得出这样的结论:要正视失败,不可回避;要不怕失败,积极应对。

第四节 企业应把握的"大智慧"要诀

一、顺势而为

"顺势而为"可以通俗地理解为做事要顺应潮流,不要逆势而行。

纵观企业发展史,许多成功的创业者都是顺应了改革开放这个大势。正所谓时势造英雄。你改变不了世界,只能改变自己;你让世界适应你,只会头破血流;你主动适应世界,才会顺风顺水,一帆风顺。当今我们已进入新时代,能否延续老一代创业者顺势而为的大智慧,考验着新一代的企业经营者。

二、把握适度

被哲学称之为"度"的那个词,就是做事要明白"过犹不及"。既不能"过",也不能"不及",盛极必衰,物极必反。中华文化中的"中和"思想,以及河南人常讲的"中"所表达的都是"适度"的意思。人的一生,无时无刻不与"度"打交道,生活工作上都要有"度"。企业理想目标要"适度",标准低了,变成鼠目寸光;高了,成了好高骛远的空想。特别要把握好分配上的"度",尽可能体现公平。高层管理人员与普通员工不可悬殊太大,形成过大的贫富差距。华为任正非的持股比例不足1%,这也是任正非经营成功的大智慧之一。

三、学会选择

有人说过,无论什么时候都不要放弃选择的权利。选择放弃,是因为懂得有舍才有取;放弃选择,就意味着一无所有。"选择"就是作决定。人的一生经历无数次选择,正确的选择可以造就灿烂的前程,错误的选择可以毁掉梦想而饱尝遗憾。只有正确的选择,才能为成功打下良好的基础。当然,要做选择的事物有大有小,关乎前途命运的大事,做选择时要极为慎重,因为人生最关键的只有"两三步"。对企业经营者来说,做任何事都必须有所"选择",明白"选择比努力更重要"的道理。不加选择,"跟着感觉走""随大流"的行为是不可取的。同时,在正确价值观的基础上,按照客观规律要求,经过分析、判断后,做出符合实际的决定,不可盲目随意"拍板"。在埋头干活过程中,要时常停下脚步,看一看,想一想,自己做的事是否合理,需不需要做调整,只有这样才能顺利前行。

四、借力发展

人既没有虎狼之速，也没有熊豹之力，之所以能在自然界生存，且又逐步取得主导地位，就在于人能借力而生存、发展和壮大。民营企业在创业之初，绝大多数是"无资金、无人才、无技术"的情况。因此说，"借"是一种大智慧。借，可以弥补自己力量的不足；借，可以在陷入困境时柳暗花明。未来借的重点是脑力和智慧。但是，借不是无条件地随便拿来，要讲原则，要在法律道德的范围内进行。既要讲有借有还的原则，又要量力而行，规避风险，避免出现债务、道德危机。同时，借，还需有一颗真诚的心，如刘备三顾茅庐那样，没有真心换不来诸葛亮的相助。

五、先舍后得

为什么"舍"在先而"得"在后？这是因为"先得"不合常理，也不易实现。只有"先舍"顺应人们要求的情理，后得便顺理成章了。这一理念的形成凝聚了古人的智慧与经验，这点在商界至为重要，智慧的商人都懂得先舍后得之道。

简单一个"舍"字，折射出的却是一个人的高境界、大胸怀、大智慧。先舍之后"得"到的不仅是钱财，还有人品、口碑、信誉；不仅是"大方"，而还有人们的信赖。不少民企经营者，往往把"得"放在前面，

第三部分
勤奋与智慧是企业经营之器

为获得蝇头小利,不愿做"给""舍"的举动,一味追求"得"。以"不吃亏"的心理,把"给""舍"的大智慧,置之脑后。这些人终究成不了"大我"。

纵观国内外企业的发展,那些能够长久不衰的企业,大都经历过从"小"到"大"的路径;他们的掌门人也都是具有"大智慧"的企业家。反之,那些缺乏"大智慧"的经营者,随着时代的变迁,渐渐退出市场。寻求企业家成长的规律,是民企经营者应该思考的问题。

第十章　用"大智慧"铸就企业家之梦

第一节　小老板成长应以企业家为目标

一、成长是自然界的基本规律

当我们在自然界中漫游时，常常看到在悬崖峭壁上，有一些植物顽强地生长；看到在海拔四五千米的高寒地区，有藏羚羊那样的动物在活动；看到在那高空中，有雄鹰在展翅飞翔。我们不得不佩服它们勇于战胜恶劣环境而顽强成长的精神。这种自然界中的现象，可以说是动植物的一种生存发展规律：有一点条件就寻求生存，有一点机会就努力成长。企业经营者正是这样一群人，抓住改革开放的好时机，成为先富起来的一部分人。

俗话说，人往高处走，水往低处流。企业经营者也应努力向高处走，努力使自己成为"雄鹰"，朝着企业家的目标奋进。有些企业经营者可能

第三部分
勤奋与智慧是企业经营之器

受经营环境的影响，或缺乏自强不息、开拓进取的精神，产生了"小富即安"的思想，以求回避风险，安安稳稳过日子。殊不知，做企业犹如逆水行舟，不进则退。特别是在未来市场环境复杂多变、竞争激烈的情况下，要想继续活下去，必须迎着困难上，不断寻求发展。

二、在创业实践中锻造企业家基因

民营企业与时代变迁紧密相联。改革开放以后，个体企业和民营企业像雨后春笋般蓬勃发展起来。由于当时的特殊环境，经营者仅靠胆量、勤奋就可以先富起来。然而，随着时代的变化，经营难度越来越大。这种环境如一块磨刀石，将企业经营者不断向企业家的目标推进。

其实，企业家不是那么容易成就的，你要用太多的精力去应对与处理各种问题，而一旦有所失误，便会有太多声音指指点点。只有用一生的艰苦来慢慢锤炼、慢慢升华。企业家不是天生就是的，也不是一蹴而就的，要在创业实践中艰苦奋斗、努力学习、刻苦磨炼才能达成。

三、在创业实践中注重企业家修炼

企业经营者只有坚持修炼才能走进企业家的行列，就像《西游记》唐僧团队那样，不经过九九八十一难的磨炼，就不能"成佛"。企业经营者的具体修炼方法，是要随着企业内外变化而转换角色。一是创业阶段的老板角色：亲为者＋思考者。创业阶段，你既要带领员工去实干，又要对企业整体运作负责。创业阶段的老板角色应该是既要低头拉车，又要抬头看路，二者不可偏废。二是成长阶段的老板角色：立"法"者＋领导者。企业经过一段时间的运行，管理逐步走上正轨，追求快速发展已成为主要任务。你必须将原来的"思考"进一步提升完善后，形成头脑中的战略理念和发展思路，制定企业"经营战略规划"，并以"企业制度"的形式定下来，成为全体员工共同遵守和努力实现的规章。自己要尽快转变成为带领团队实施战略规划、实现战略目标的领航者。三是成熟阶段的老板角色：创新者＋思想者。处在成熟阶段的老板应当成为创新者，要有战略眼光，大刀阔斧进行观念创新、管理创新、体制创新、技术创新等，还要对企业战略规划适时进行调整，促进企业转型升级。同时，还要认真总结自己的创业经验，并上升为理论，推动企业快速发展。

然而，老板要实现角色转变，必须有一个"不变"的东西作"轴心"，就像石磨一样，这个"轴心"就是战略思想和战略管理。离开了战略这个"轴心"，老板就走不出"低头拉车，亲力亲为"的怪圈。老板只有在战略指导下，才会顺利实现角色转变，像"火车头"一样，带领企业快速前进。

第二节　小老板应探索奔向企业家之路

哲学上讲："社会存在决定社会意识""思想决定行为"。"小老板"

第三部分
勤奋与智慧是企业经营之器

所经历的"社会环境",决定了他们思想和行为上的"小"。然而,他们其中的一些人,成就了自己的企业家之"大"。现实也证明,那些把企业从小做大的企业家,都是思想上突破"小"的结果。这种思想的提升,有的是人的主观能动性,有的是客观"环境推动"的。其结果必然是"适者生存"或"违者灭亡"。随着中国特色社会主义新时代的到来,市场经济形势日趋复杂,企业经营者要带领企业"活下去""活出彩",只能从"小"向"大"转变。

一是从勤于动手转向勤于思考。 勤于动手而懒于动脑是一些企业老板长期形成的习惯动作。老板为节省资金或不放心,事必躬亲,现在应该把主要精力与时间更多地用于思考,用来为企业寻找新的发展思路,应对企业面临的危机和挑战。

二是从"工匠型"转向"智慧型"。 一些"工匠型"出身的老板,其身份和企业环境变化后,就需要有智慧和思想。他们认识新趋势,才能在创新中引导企业抓住机遇求发展;才会以灵活多变的思路挑战市场,赢得市场。

三是从胆大盲从转向战略谋划。 企业家必须是一个战略家,企业需要战略谋划如同军队需要战略谋划一样。创业需要胆量,更需要战略谋划。只要企业家所制定的战略方针选对了方向,即使在战术上有一些失误,企业仍然可以成功。如果老板不讲战略,不做战略规划,仅靠"拍胸膛"决策,往往会造成某一项目和整个事业的失败。

四是从思想保守转向学习创新。 新思想来自新知识。老板只有善于学习,才能保持思路开阔、思想常新,才能适应新形势、新环境。

五是从抓小事转向抓大事。老板的基本职责就是抓大事，想未来；企业要做的小事大事都很多，但老板的时间精力是有限的。应该解决的是事关企业生死存亡的根本问题，为之倾尽全力的是如何领导企业同心同德实现未来的宏伟目标。

六是从管理者转向领导者。企业经营的实践表明，成功的企业靠的是领导，管理则是次要的。老板是领导者，而不是管理者。管理者只是把事情做对，而领导者是只做对的事情。新时代需要具有超前的思维能力、应变能力、创新能力；需要正确决策和艺术化的领导。

第十一章　努力获得"大智慧"才能赢得未来

大智慧要靠不断学习和修炼才能获得。要在商海中游刃有余、实现梦想，就必须读书学习、总结思考，不断提升自身的智慧，才能做好企业。

第一节　从自然现象中汲取智慧

人类虽然有能思考的大脑，但自然界的动植物能长期生存繁衍下来，同样也有一定的"智慧"。比如"适者生存"就是值得人们学习借鉴的大智慧。大自然的智慧列举以下几种：

一、学习"水"，造福万物

老子说"上善若水"，意思就是大自然中最顽强、最智慧的存在就是"水"。具体来讲，水包含着成功人生里的七种境界：一是百折不挠。在寒冷恶劣的环境下，水成为冰，却比水强硬百倍。二是聚气生财。水化成水蒸气，若聚集在一起形成聚力，便会变得力大无穷，动力无比。三是包容接纳。水净化万物，世间万物都能被水无怨无悔地接纳。四是以柔克刚。水看似无力，亦可水滴石穿；若遇棱角磐石，也可把棱角磨平。五是能屈能伸。水能上能下，上化为云雾，下化作雨露，高至云端，低入大海。六是周济天下。水哺育了世间万物，却不向万物索取。七是功成身退。聚可结雨，化为有形之水；散可无影无踪，飘忽天地之内。

老子认为，上善的人就应该像水一样。水造福万物，滋养万物，却不与万物争高下，这才是最为谦虚的美德。它处于深潭之中，表面清澈而平静，内里却深不可测。它源源不断地流淌，造福万物却不求回报。江海之所以能够成为一切河流的归宿，是因为它善于处在下游的位置上。

二、学习"树"，成长自己

大树的大智慧：一是耐心。没有一棵大树是树苗种下去，马上就变成大树的，一定是岁月刻画着年轮，一圈圈往外长。做企业要想成功，一定要有耐心，不可急于求成。二是求稳妥。要成为一棵大树，一定是多年来历经风霜。企业要想做强做大，要不怕困难和失败，坚守信念、专注内功。三是保根本。树有千万条根，深入地底，忙碌不停地吸收营养，成长自己。要想企业成功，一定要不断学习，不断充实自己，把根扎深扎远。四是追逐阳光。阳光，是树木生长的希望，大树知道必须争取更多的阳光，才有希望长得更高。对企业来说，阳光就是正能量，坚持走阳光大道，不走歪门邪道。做企业要有大树的内动力和大智慧，不要只做路边的小草，在千变万化的大自然中，永不退缩，健康成长。

三、学习"河"，力奔"大海"

奔向大海是河流最大的也是最终的目标。为实现自己的初心和目标，河流有多种智慧：一是始终不忘自己的奋斗目标。河流从不计较大海的遥远，路途的艰辛，时间的长短。二是不刻意走捷径。在奔向大海的路途上，需直则直，需弯则弯。三是不屈不挠。河流对前进中遇到的各种障碍，总是选择合适的河道前行，即使是无法逾越的障碍，也会暂时停下来，集聚力量，成为湖泊，待机而行。四是协同合作。河流在奔向大海的过程中，为了更快更好地实现大目标，总是不断寻找同行者，无论水清水浑，流量大小，也从不计较个体的得失，只要目标一致，就合股同流，协力朝大海奔去。其实，企业家的路也如河流一样，会遇到同样的困惑，只要学好河流的智慧，最终会实现自己的人生价值，奔向"共同富裕"的大海。

第二节　向圣贤伟人学习智慧

一、向志士仁人学智慧

在历史的长河中，不少志士仁人不仅在行动上进行实践探求，在思想上也在进行理论探索，形成了许多有关智慧的哲学思想。如西方的苏格拉底、柏拉图，中国的孔子、孟子、荀子、老子、庄子、王阳明等。许多有智慧的人也是哲学家，哲学虽然不能直接给人智慧，但可以使人变得智慧。我们根据企业经营者的实际，概括出了几点：一是顺应自然。智者懂得调整人与客观环境的关系，审时度势，顺其自然，过度强求，反而适得其反。二是淡泊名利。不要无限制地追求那些不现实、能力达不到的东西。三是知行合一。心动更须行动，当心有追求的时候，需要尽早付诸行动，一步步从小事做起。四是立志正心。欲成大事，必先立志，人无志必不成器。而立志一定要正确，要认识自己的能力，立一个符合自己实际情况的志。五是耐得住寂寞。任何成功都不可能一蹴而就，既要耐得住性子等待，又要坚持不懈努力。留到最后的一定是"耐得住寂寞，顶得住压力"的人。

二、向名人左宗棠学智慧

左宗棠，是晚清政治家、军事家，他不仅做事很成功，成为晚清重臣，而且善于思考，悟出了许多做人做事的智慧，留下了不少具有哲理性的名言。下面撷取几句供企业经营者学习借鉴。

"蠢而多财"与"贤而寡财"。在"蠢而多财"与"贤而寡财"两大选项中，大部分人选择了前者，而左宗棠果断选择后者，他坚持为社会捐款。晚年他写下一联，要求刻在湘阴左氏公祠门上，作为族训："要大门闾，积德累善；是好子弟，耕田读书。"

"卑贱时锋芒毕露，富贵时谨小慎微。" 没成功之前，应该锋芒毕露，一旦成功就要慎言慎行。

"择高处立，就平处坐，向宽处行。" 意思是说，看问题要高瞻远瞩，穷困的时候，只有保持节操才能被人尊重；富贵的时候，只有保持低调才能不被算计。

"能受天磨真铁汉，不遭人嫉是庸才。" 经受得了多大磨难，才配得上多大的成功。苦难和挫折是人生的一笔财富，也是人生的必修课。在困难面前不要退缩，要有越挫越勇的精神。

"与人共事，要学吃亏。" 宁可多亏待自己一点，也不要亏待他人。与他人共事，自己主动吃点亏，往往能把棘手的问题解决好。

"慎交友，勤耕读，笃根本，去浮华。" 做人要谨慎社交，做事要踏实肯干。要坚持自己的价值，坚信自己的初衷，不要投机取巧，不要浮躁。只有这样，才能历练出真正的品格和修养。

第三节　从书本实践中获得智慧

一、书中自有"黄金屋"

古人曰："书富如海，百货皆有。"书中的世界包罗万象，有助你成长的智慧，有让你开阔眼界的美景，也有带你摆脱平庸的良方。读书，能让你在与先贤的对话中，不断地修炼自己的言行举止，丰富自身底蕴。这就是"黄金屋"的意思，也就是智慧。

从古到今，成功的企业家都是重视学习的人，他们明白书中自有"黄金屋"的道理。古代的范蠡，就善于向先人和老师学习治国经商之策。他曾拜计然为师，学习了我国古代的商业理论。四百年不衰的家族康百万。他们把"诗书传家，继世绵长"作为古训，高薪聘请师德高尚的读书人常年到康百万庄园学馆教书。当今的曹德旺，留给三个子女的记忆是手不释卷，造就了企业的辉煌。

二、认真学好"两本书"

学习包括向书本学习和通过社会实践学习，我们把它称之为"有字的书"和"无字的书"。"有字的书"就是有文字的书本，它记载着古今中外的故事、名言、案例，字里行间包含着许多智慧内涵。"无字的书"就是人们自己实践生活中的阅历、能力和见识，虽然没有形成文字书本，但可以用语言传播，其中不乏智慧精华，同样是一本书。读"有字的书"，能让人从书本中学到更多知识；读"无字的书"，则能让人获得从书本中难以觅到的智慧。

在读"有字的书"时，只有做到学思用贯通、知信行统一，才能达到开茅塞、除陋习、得新知、长见识、养灵性、增智慧的效果。一个人的智慧，不仅来源于"有字的书"，更来源于"无字的书"。正如俗话所言："听君一席话，胜读十年书。"

读懂"无字的书"并非易事，必须独具慧眼，"步步留心，时时在意"。不少老一代民营企业经营者，由于客观条件所限，未读过多少书，但言谈不俗、处世有方、受人尊敬。这些知书而达理的人，往往得益于他们善读"无字的书。"

三、新时代要学好新知识

当今是知识爆炸的时代，世界大变局的时代，新知识、新技术可谓日新月异。企业经营者面对这样的新时代，必须思考三方面的问题：一是自身学习"短板"问题。不少老板，由于种种原因，过去没有很好的学习机会，现在工作又繁忙，难以抽出时间系统学习。为弥补学习不足这一"短板"，除了自学之外，还积极主动参加各种培训。时代已发生根本性变化，过去的观念办法已不好使，离企业管理要求相差较远，更何况当今时代知识更新很快，不抓紧学习新知识会很快落伍。二是需要新知识解决新问题。知识变化很快，在专业技术等方面，我们不能做"门外汉"。只有善于学习和借鉴，不断用新思想、新知识、新技术武装自己，提升企业的学习力，才能在未来竞争中生存下来。三是来自新人的压力问题。长江后浪推前浪，未来会有更多有知识有文化的年轻人进入企业，企业的生存发展也需要他们，这是不可抗拒的规律。要用好、管理好这些有较高文化知识的年轻人，你就得有更高的智慧。否则，不是你主动退出领导岗位，就是企业被迫退出市场。

四、建立合理的知识结构

在日新月异的新时代，只有不懈地努力学习，让自己的知识结构合理化，才能跟上时代，适应市场，把企业发展得更好。

企业经营者在"下海"创业时，大都没有经过企业家的专业培训，不具有"全科"素质，或者说不是"科班"出身。他们的知识结构多数是不合理的，往往只有一两项专长。例如，巨人集团的史玉柱，他下海经商办企业时，只懂计算机技术及市场需求，虽然他研制开发的产品很先进，在市场上卖得也很火，但因缺乏管理、战略等知识，后因巨人大厦资金链断裂而倒闭。其后，史玉柱痛定思痛，重整旗鼓，再创辉煌。

第四部分

战略创新与战略管理是企业经营之要

创业故事与启示：深圳华为科技任正非

经商办企业不是几把牌，赢了就赢了，而是个牌局，想散都散不了的那种，输赢不在一把两把。因此，要有长远发展眼光，不断拉长创业之路，拿出跑马拉松的劲头向前冲。近百年的中外企业发展史，证明了战略在企业生存发展中的根本性作用。任何一个企业经营者忽视企业战略的作用，都很难带领企业走稳走远。正如世界未来学家托夫勒所说："对于没有战略的企业来说，就如在险恶的气候中飞行的飞机，始终在气流中颠簸，在暴风雨中穿行，最后很可能迷失方向。"因此，企业只有正确认知和运用战略创新与战略管理问题，才能从根本上提升竞争优势，使企业走得更远。

怀揣爱国情怀创业，奋力跨入科技王国

任正非，华为技术有限公司主要创始人、总裁。1974年大学毕业后，应征入伍，从事军事科技研发。曾获得全军技术成果一等奖，出席了1978年的全国科学大会，1982年为中国共产党第十二次全国代表大会

代表。1987年，任正非转业后，借款两万多元创立华为公司。仅用30多年时间，他就将一个小作坊发展成为全球最大的电信网络解决方案提供商之一。

华为现有员工总数达20.7万人，2023年前三季度实现营业收入4566亿元人民币，2023年度分红770亿人民币。华为在电信通信这个高度竞争的行业里，成为全球市场份额第一且极具盈利能力的企业；在通信、消费电子，还有5G等领域，华为站到了行业的前端，进入全球竞争的制高点。

"坚守正道，不为歪门""爱我中华，为之奋斗"。任正非与他带领下的"华为"创造的这一时代精神，不仅是其名字的写照，也成为企业经营者的标杆旗帜。

为了帮助企业更好地认识和学习华为，下面我们逐一介绍华为带给我们的启示：

启示一：爱国是企业做强做大的无穷力量

一、爱国就要有"大我"意识

任正非说："我们的理想是为人民服务，不是为了赚钱。""华为始终以产业报国和科教兴国为己任，公司的发展为所在地区做出贡献，为伟大祖国的繁荣昌盛，为中华民族的振兴，为自己和家人的幸福而努力。"对"爱国"二字，任正非认为："真正的爱国，是强大自己。"他在三十多年的创业活动中，始终如一地践行这种认知。

第四部分
战略创新与战略管理是企业经营之要

华为成立之初，任正非没有被眼前利益所诱惑，他以企业家的良知意识到，没有自主研发和知识产权，未来的企业将失去动力。但是，对于一个刚刚起步、只能在国际公司和大企业夹缝中艰难求生的民营企业来说，走自主研发道路谈何容易。面对压力，任正非立下誓言："处在民族通信工业生死存亡的关头，我们要竭尽全力，在公平竞争中自下而上发展，决不后退、低头。"带着这种信念，任正非义无反顾地踏上了技术创新之路。

任正非创造性地把军事理论应用到企业管理中，提出局部突破的压强原则，持续地、大规模地集中有限财力投入企业研发领域，逐渐取得技术领先。在华为始创之时，直接生产人员不到200人，而研究开发人员有500人。华为的技术创新具有着手早、投资大、目标高等特点：从1992年开始，华为坚持将每年销售额的至少10%投入研发，现在提高到20%—30%，华为2022年研发费用达到1615亿元，华为在研发领域的投资不惜成本，不仅投资于现在，同时投资于未来。2022年底，华为在全球现有约11.4万名研发人员，占总人数55.4%。在世界知识产权组织公布的统计数据中，华为在2022年底获得的授权专利总量超过12万件。

二、爱国就要使企业健康发展

华为的发展史，堪称惊心动魄的弱者变为强者、以弱胜强的传奇历史剧。

一是把私企办成全员持股企业。作为一个民营企业，任正非完全可以拥有华为的绝对控股权。但任正非没有，从华为创立的第一天起，就让知识管理者和劳动者为自己打工，不是为老板打工。华为可谓"工者有其股"，是员工持股人数最多的企业，毫无疑问，这是一种释放生产力的创举。

二是把经商作为一种事业去做。 任正非创办企业也是生活所迫，初衷也是为了让自己和家人日子过得好一些。可当他实现这一目标之后，思想就发生了根本性变化。努力把企业做强做大，努力攀登世界高峰。为国争光，为社会增加财富，为员工致富。具体表现是：他在自己的企业股份中只占不足1%的股权，其他全给了员工；2023年仅分红就高达770亿元；2023年纳税超1000亿元；他带领华为团队创造的5G技术登上了世界之巅峰。他的爱国情怀为国人敬佩。他不仅赢得了崇高的威望，也在世界为华为赢得了良好信誉和发展机会。

三是把企业打造成现代企业。 任正非认为，新时代的企业不能是"山寨式"企业，要活下去，就必须规范经营行为，不断提升自己的战斗力。任正非把毛泽东思想灵活运用到华为的企业管理中。坚持"实事求是"，依据客观条件制定经营策略；坚持以客户为中心的"群众路线"；坚持"艰苦奋斗"的经营管理理念；坚持自主研发。

三、爱国就要奋力向世界科技王国迈进

华为之所以能成为世界科技王国，主要优势有5个方面：一是技术，世界领先；二是质量，产品性价比高，交货快；三是价格，在国内外同行，华为产品更具价格优势；四是企业文化，坚持自我批判、开放精神、成就客户、真诚守信、团队合作等核心价值观；五是客户关系，坚持以

第四部分
战略创新与战略管理是企业经营之要

客户为中心，积极响应客户需求，持续为客户创造长期的价值。

一是用众多优秀人才，创造更大价值。企业发展需要人才，许多企业都懂。但要人才济济、个个优秀、自己也是佼佼者，恐怕就难以做到了。华为20万员工中一半以上是高级人才。华为形成的组织运作，像水一样，舀走任何一瓢，都会自动愈合，不影响河流奔涌向前。

任正非认为，企业要留住众多优秀人才，自己必须是一个思想家、战略家和教练。如果自己都不是优秀人才，就难以重视人才、吸纳人才和用好人才，也不会使优秀人才折服，跟着你干。为此，他几十年不断地学习。他的部下和员工都为他的钻研精神所感动。许多人说，跟着任总干长知识、有奔头。

在人才问题上，华为不仅在国内搜罗人才，而且敞开视野，在全球范围内搜罗人才。正如任正非所言："只有压倒性的战略投入，才会有压倒性的回报。"

华为还用激励和成长方式极力留住人才。一是高薪激励。华为支付给普通员工及高层次人才的薪酬，远远高于行业的平均水平。二是股权激励。华为实行人人持股的体制和股权激励，彻底解决了员工和人才为谁干的问题，从而创造更大的价值。三是轮岗制。在华为，不会由于员工绩效差就轻易解雇，而是会采取轮岗制的形式，让员工在不同岗位上获得改进的空间。四是持续推进发展战略，为人才实现人生价值和目标，搭建一个广阔的发展舞台。

二是用最先进的管理方式，打造世界级企业。任正非认为，管理是制约企业做强做大的核心问题，没有管理，人才、技术、资金形不成力

拓局：创新基因与战略跃升

量。人才、技术、资金是可以引进的，而管理和服务是引不来的，必须靠自己去创造。只有进行变革，才能推动华为从小作坊向跨国公司演变。这是华为成为"世界一流"企业的必经之路。也唯有如此，华为才能逐步走向规范化、职业化和国际化。从1998年8月开始，历时五年，当其他通信行业纷纷转型投资和房地产业务时，华为投资20亿元人民币，聘请IBM公司70位顾问完成管理咨询项目。核心竞争力全面提升，并彻底改变了华为人的做事方法。2004年至2007年，任正非再度斥资20亿元人民币师从IBM，先后进行了EMT（企业最高决策与权力机构）、财务监管等第二期管理变革。历时10年虚心学习和潜心苦练，华为终于修成正果。一个世界瞩目的跨国公司横空出世，昂首挺进世界500强。

华为还认真学习德国中小企业隐形冠军的管理经验：一是专注。华为多年来只做和通信有关的事情，极为重视产品质量和科技含量。二是高工资。不仅给员工高工资，而且在企业内部推行"工者有其股"的激励机制，让员工和企业形成一个有机的命运共同体。三是细心而温暖的服务。华为的服务在业内有良好的口碑，所以客户具有较强的黏性。2012年，日本福岛大地震，核电站发生泄漏，当地居民纷纷离开福岛，而华为在日本的员工却穿戴防辐射装备后，前往福岛整修通信设备。

华为在不断学习世界先进企业管理的基础上，还结合企业实际，运用战略思维变革管理方式。2004年，华为进行决策机制改革，推行实施轮值COO（首席运营官）。一是任正非远离经营，甚至远离管理，变成一个思想者，而不是处理问题的"救火员"。二是避免了山头问题。华为

第四部分
战略创新与战略管理是企业经营之要

的轮值COO、轮值CEO制度，从体制上制约了山头文化的形成，为公司积淀了很多五湖四海的杰出人才。三是这种创新体制也使整个公司的决策过程越来越科学化和民主化，为华为的发展壮大打下了坚定基础。

三是居安思危，以"活下去"为基本战略。 在华为创立初期，"活下去"成为最高纲领。 一开始华为是个贸易公司，既无产品，又无资本。这时候，活下来就是胜利。任正非不甘心只做一个为赚钱而奔波的商人。为了"活下去""活出彩"，任正非在一篇《华为的红旗到底能打多久》中，第一次明确提出了"狼文化"。在企业里形成一种高度敏感、放眼未来的战略视野和群体合作的凝聚力。任正非在华为鼎盛的时期，写下了《华为的冬天》：十年来我天天思考的都是失败，对成功视而不见，也没有什么荣誉感、自豪感，而是危机感。最为典型的事例还是在2003年，组建了叫海思、鸿蒙的科研部门，成功研制了自己的芯片和系统。

华为视创新为"活下去"的必由之路。包括技术创新、产品创新、商业模式创新，还应该包括制度创新、组织创新等，创新成了华为的常态，每项工作几乎都在创新。任正非认为，在新时代里，不创新就难以活下去。正是因为大胆创新，坚持创新，华为才能从一个弱小的民营企业快速地成长，成为全球通信行业的领跑者，一步步走进了世界500强。任正非说："创新虽然很难，但它是唯一的生存之路，是成功的必由之路。"

启示二：把"活下去"视为企业发展的基本战略

任正非用短短三十多年时间，把华为变成了一个世界科技王国。他以自身的实践证明：华为所选择的发展道路，是依据中国国情走出的正确道路，为我国民营企业的健康成长指明了方向。华为是当今中国民营企业的标杆，任正非是民营企业教科书式的企业家！华为任正非成功的一个十分重要的原因，是把"活下去"作为企业发展的基本战略。其精髓可概括为四个字："正""远""变""稳"。

1.求"正"。所谓求正就是立正念，走正道。立正念是树立爱国家、爱人民、爱员工的思想理念，也就是把企业做好，做强做大，为国家、为人民、为员工创造财富，为国争光增彩。华为是我国纳税大户，是世界上最大的通信设备供应商之一。走正道，就是华为经营活动中没有任何违法违规的行为，也没有任何负面影响。

2.求"远"。所谓求远，就是立意高远，目光远大。正如人们所言"你能看多远，你就能走多远；你胸怀有多大，你的事业就能做多大"。任正非带领华为从刚开始的没钱、没技术、没人才、没经验的情况下，坚持不懈地进行基础科学研究和科技创新，开创了企业深度研发的先河。2022年的研发费用支出约为人民币1615亿元，约占总收入的25%。求远战略使华为后劲十足。任正非为使华为走得更远，花40亿元学习引进国外先进的管理经验。彻底改变了陈旧落后的管理局面，建立了具有国际水平的管理制度，跨入了现代企业行列，为后来的健康快速发展打下了坚实基础。

3.求"变"。所谓求变，就是与时俱进，适应时代的变化，走在时代的前头。当今世界正面临"百年未有之大变局"，随之而来的是国家方针政策的变化，法律法规的变化，国内外市场变化，以及企业内部的种种

第四部分
战略创新与战略管理是企业经营之要

变化。企业决策者只有树立求变的理念，在经营观念、思维方式等方面，随变而变，才能达到"适者生存"，走在时代的前沿。求变是为了生存、为了发展，在发展的同时还要"避险"。要把生存、发展、"避险"捆绑在一起思考。居安思危，在危中求生存、求发展。在求变的过程中，除了坚持他变我变原则的同时，还应根据事态的发展，采取"进、停、退"应变策略，也就是在将要出现有利于企业发展的态势时，果断采取"进"的战略，抓住时机，集中力量求发展；在出现动荡的态势情况下，要"停"下来看一看再作进或退的决定；当不利于企业发展的情况下，应采取"退"的收缩战略。这就是"随机应变"。

任正非领导下的华为，也正是在求变的过程中，及时抓住机遇求发展。在他们敏锐地嗅到国际通信行业未来变化带来的挑战时，就默默地搞科研。早在十多年前，华为在与美国公司合作失败后，为了防止美国断供危机的出现，作出了极限生存的假设，设立了一个叫海思的部门，花了大量资金，用了成千上万的人研发。当美国开始动手打压时，这些做法确保了公司的生存和发展。

4. 求"稳"。所谓求稳，就是保证企业稳中求进，持续发展。也就是在企业经营管理中，既着眼未来，又关注当前，做到不犯错误，并建立纠错机制，对错误及时纠正。华为为确保企业长期稳定运营，持续推行实施轮值CEO、COO制度；建立华为基本法、创办华为大学、以客户为中心机制等；华为打造的企业"狼性文化"，营造学习、创新、团结的企业氛围，带领出了一支敢战、能战、善战的狼性团队。华为在很早便在公司实行了高福利、高待遇的员工制度，实行员工共同持股和分红，

拓局：创新基因与战略跃升

让公司利益和员工利益紧紧地捆绑在一起。这些都不断夯实了企业"稳"的基础。特别是华为任正非在企业发展的大好形势下，大谈危机和失败，写下了业界著名的《华为的冬天》。居安思危，时刻保持头脑冷静清醒，具有深刻的忧患意识。他们为应对各种危机，穿好防弹衣，在大风大浪中稳步前进。

第十二章 战略是事业兴旺发达的制胜法宝

经过多年的实践和探索，战略已经成为人们改造客观世界和主观世界的一种正确理论和强大思想武器，广泛运用于军事、政治、经济、文化、科技等领域，在国家、组织及企业的管理中，越来越显示出强大威力，被人们称之为战胜一切困难、使事业持续兴旺发达的制胜法宝。

第一节 战略是人类社会文明的精神瑰宝

一、战略是人们前进的一座灯塔

战略的"战"指战争，略指"谋略"。"战略"一词最早的概念是指军事将领指挥军队作战的谋略。所谓谋略，主要是化解困局的技巧或应变的方式方法。后来"战略"的基本含义演变为对军事斗争全局的策划和指导。20世纪30年代，毛泽东在《中国革命战争的战略问题》中指出：

"战略问题是研究战争全局的规律的东西。"

战略作为"法宝"主要表现在：其一，它是一个科学和高端的思想理念，不是封建迷信，也不是歪理邪说，是反映先进生产力和优秀文化的思想，是符合事物发展规律的理论和方法，是人的思想意识结构金字塔的顶端。其二，它是一种逻辑性很强的思维方式，不是胡思乱想，是按逻辑规律推理得出的结论。其三，它是组织、企业确定未来的蓝图。不是打乱仗，能够使组织或个人在竞争的版图上找到适合的位置及努力的方向。其四，它是在变化中选择做正确的事情，是在不确定的环境中，正确选择进退、取舍、快慢等的指路明灯。

二、战略是做人做事的最高境界

一是根本性。就是一个国家、政党、组织（企业）和个人发展前进的方向，也就是要解决"为谁扛枪，为谁打仗""为谁服务"的问题。方向对了，无论中途遇到多少艰难困苦，最终会到达目的地。方向错了，就像"南辕北辙"故事里讲的那样，越是努力，离目标越远。企业坚持为国、为民、利他，方向正确，如华为、福耀等，就会不断发展壮大；而只为私利的企业，不是早早倒闭，就是活得难看。

二是长远性。长远性就是目光远大，着眼于长期发展。战略就是为未来而战。把着眼点放在"未来"，对未来的发展变化，及时做出正确的判断。虽然不能准确地预知未来，也要为未来的发展趋势做好准备。有时为了未来的大发展，还要舍去眼前的东西。就如修高速公路一样，把通往远方的路修好了，奔向未来就会很顺畅。

三是全面性。看问题认识事物，既看局部，更要看全局。不仅要看现象，更要看本质；不仅看当下的状态，还要看后续变化的状态；不仅看正面，还要看反面。逻辑学上称之为"周延"。若不全面，就会犯片面性错误，导致失败。

战略不仅仅是一般性的、拿来就能用的工具和方法，而是关乎一个国家、政党、组织命运的重大问题，是要经过科学的思考，才能形成正确的理念、决策和方针路线。这个过程可称之为"运筹帷幄，决胜千里"。

三、战略是一个理论与实践构成的大系统

战略是一种高层次的理论思想、思维方式和经营管理模式，是为完成一项大事业的"制胜法宝"。每项事业战略目标、目的的实现都是一个系统工程，是由战略、策略、战术几个重要节点构成的一个链条。战略的任务是认清规律、发现问题、把握机会，找准方向道路，它是这个链条中的"火车头"。策略是计策、技巧、方式、方法，采取的是灵活的、非直接的迂回形式，包括时间、人员、资金、资源等方面的选择运用，以最快速度、较低成本、较好的质量效果，运用战略达到目的。策略主要服务战略，是抓手，具有很强的操作性，有时可上升为战略。战术是为战略实现进行的方案设计，达到布局、谋势与抢位的目的，简单说是解决技术、实操、落地问题。战术主要服务于战役、战斗。战争是

全局的表现，战役是战争的局部（项目）表现，多个战役的实施构成战争，多个战斗的实施构成战役。只有将整个战略大系统形成"链条"，融会贯通，才能有效实现战略目的。

这个链条必须环环相扣、相互作用，形成统一的整体。在整个战略实施过程中，每个链条环节都做得好，才能达到战略目标或战略成功。

在这个战略链条中，任何一项行动都应围绕战略展开。如果离开战略指导，也许能够取得暂时的小胜，但可能成为战略目标实现的绊脚石。比如，在企业经营活动中，为获得一时的利益，在某个经营行为、产品质量等方面，做出违法、违规的行动，在社会上造成了恶劣影响。轻者被媒体曝光、市场监管部门警告罚款，影响企业发展；重者当事人锒铛入狱，企业破产。

在电视剧《大决战》中所展现的由三大战役构成的解放战争，就是"战略大系统"实施的真实场景。包含了战略、策略、战术、战役、战斗的各种不同层面和形态的展现，集中表现了中国共产党人和其领导的人民军队的战略大智慧。

四、战略是"虚"和"实"相结合的思想和方法

有人把战略视为不值钱的"虚"东西，完全是一种误区。战略不仅是一种理论思想，还是一种可操作的路径方法，具有"虚"和"实"紧密结合的特性。这是战略与其他任何一种理论思想和实操模式不同的地方，也就是说，既可以用战略理论思想指导实践行为，也可以将战略管

第四部分
战略创新与战略管理是企业经营之要

理的模式作为一种方法论，用来解决实践中的具体问题。因此说，战略是"虚"与"实"最佳的结合体。"虚"是指存在于头脑中的战略思想理论；"实"是指按照战略思想展开的具体行动。战略的"虚""实"是相互联系不可分割的，也就是说，做任何事情，都必须既要"务虚"又要"务实"。如果只"务虚"，就如"空中楼阁"落不了地；如果只"务实"，就会迷失方向走到邪路上去。因此说，战略的"虚""实"既是相互联系不可分割的，也是不可以颠倒的。要先"务虚"，然后在正确理论指导下去"务实"。常言所说，既要"埋头拉车"，更要"举头看路"。战略的这一特性充分体现了事物发展的基本规律，因而人们称它是"制胜法宝"和"大智慧"。

包括企业经营者在内的许多人，做事往往不问"为什么"，直奔主题去干，结果是败多胜少。

不少企业由于实力不足或方向不明，难以形成完整且正确的战略。企业老板头脑中一定要有"战略"思考，不然企业就长不大或很快死掉。然而，只存于头脑中的"隐性战略"往往呈现出碎片化，时隐时现，难以形成全面科学的思想观念指导经营管理，是低级的战略形态。"显性战略"是既要有战略意识，也要有实际的战略规划行动。这就需要制定一个书面的文本式"战略规划"，成为企业发展"蓝图"，便于适时修改执行落地。经营企业是一场"持久战"，作为企业总指挥的老板，要把握好战略的"虚""实"，形成正确清晰的战术路径，才能带领团队打好每一场战役，向着战略目标顺利前行。

第二节　战略是中华民族不断创新的结晶

一、我国的战略思想影响深远

　　战略理论产生于我国两千多年前的春秋战国时期，主要标志是孙武著的《孙子兵法》，被认为是中国乃至世界最早对战略进行全局筹划的理论专著。后来，以文学形式表现战略的是《三国演义》，使战略思想转化为实践活动，加深了人们对战略的认知理解，为战略思想的推广运用产生了重要作用，被人们传诵至今。在我国战略形成的上千年的历史长河中，人们给予战略持续不断的关注，不仅在战争实践中，而且在思想理论上予以研究，寻找其指导事物发展的规律性东西。

　　战略在国外也产生了广泛而深远的影响。《孙子兵法》被认为是世界上最早全面深刻讲述战略的兵书，是世界上至今唯一一部最杰出的战争理论著作，深刻揭示了战争的一般规律，在世界军事谋略典籍中占有极高的地位，被推崇为"兵学圣典""武经的冠冕"。原美国国防大学战略研究所所长约翰·柯林斯在《大战略》一书中写道："孙子是中国第一个形成战略思想的伟大人物。"20世纪七八十年代，其战略思想理论在西方国家的军界、政界和企业界备受推崇。

第四部分
战略创新与战略管理是企业经营之要

二、战略思想还要随时代创新发展

战略与其他思想理论一样，不是僵死不变的东西，需要随着时代变化在与实际相结合的过程中不断创新。这是因为战略研究的方向是"未来"，时代在变化，人们运用战略的思维方式要随之创新，以应对已经变化和将要变化的形势，使战略发挥更大作用。其实，战略产生和发展的过程，就是一个不断创新的过程。战略源于军事领域，后来扩展到军事以外的政治、经济、科技、文化等领域；战略原来只是在对事物全局的思考上运用，后来才扩展到对事物根本方向和未来长远思考上运用。随着时间的推移和时代的变迁，战略还会以新的方式出现。

所谓战略创新，就是对战略的"推陈出新"，对战略本质认知和对战略方法运用不断向深度和广度拓展。就企业而言，就是用战略的新视角认识和看待企业中的现实问题；用新的方式方法解决企业中的新问题。在观念上，"你改变不了环境，但你能适应环境""你把握不了过去，但你能把握未来""你调整不了别人，但你能调整自己"。在管理模式上，对战略模式进行重组，精心设计出风格独特、与竞争对手迥异、令其难以模仿的战略模式。对企业来说，要战胜对手和大企业，实现"弯道超车"，不能老跟在别人后边走，要敢于打破行规，改变原有的竞争规则。如，找出被竞争对手忽视的一个细分市场，然后再根据这个市场消费者的需求，设计产品。特别是在当今全球化信息时代，中小企业可以充分将数字化与实体紧密结合，运用人工智能、电子商务等高科技手段收集、处理市场信息，调整经营策略，努力提高市场竞争力。

第三节　战略思维是高端的思维方式

一、认知上的高度

所谓高度就是位置要站高。古人云："不畏浮云遮望眼，自缘身在最高层。""不识庐山真面目，只缘身在此山中。"说的就是这个意思。站得高才能看得远，才能看清下面的东西，才能看清路在何方，才能看到别人看不到的东西，才能找到未来的前进方向，才能看清前进路上的"陷阱"，才能对前进的道路作出正确选择，把一切困难踩在脚下。思想上的高度是"未来"，不是眼前。只有站在未来的高度上，才能对未来有一个正确的认知、判断、把握。只考虑眼下的事情，就不会有高度。我们企业经营者应当看到，未来的趋势一定是共同富裕、正道经营、高质量发展。只有这样看问题，才知道应该干什么，不该干什么；应该放弃什么，应该努力去做什么。战略就是要"为未来而战"，要规划未来5年、10年，甚至更远的未来。企业不仅要考虑当下如何活下来，更要考虑未来活下去当今应做什么准备。只有这样去思考、判断，机会来了才能抓住，危机来了才能应对。

二、格局上的大度

思想上的格局，是一个人的眼光、胸襟、胆识等心理要素的内在布局。胸怀上要宽宏大量，包容万物，不计较过去的恩恩怨怨。常言说，胸怀有多大，事业就能做多大。心量小，格局小，自然难成大事。企业经营者的格局主要表现在"利己"和"利他"上。越利他，越能提升格局。随着利他范围的不断扩大，我们看待事物的眼光和视野也会扩展。如果抱着只要自己赚钱就好的想法，人的视野会变得非常狭窄，容易受到诱惑，被各种欲望俘虏。不少商人缺乏应有的心胸格局，满脑子想的都是如何从顾客、员工、合作者那里多捞好处，斤斤计较蝇头小利。殊不知，你是在告诉人们，自己是个"格局"太小的人，是否再做你的"回头客"就两说了。这种心胸狭小、没有格局的经营者，终究不会成就大事业。如果你想成为企业家，受人尊重，必须改变自己的观念，"格局上的大度"是你唯一的选择。

三、眼界上的广度

眼界上的广度，就是要有全局观、全球观。要从整体来看企业，不是局部，而是全局；不仅要看到成绩，还要看到不足；不仅要看清本地区，还要看清全国、全世界的发展状况和未来发展趋势；不仅要看事物的表面现象，还要看到事物的本质；不仅要看眼前发生的事情，还要看到未来的发展趋势。要看见别人看不见的东西，当矛盾和问题还在地平线以下的时候，你能准确地预见、描述，并能拿出应对方法和举措。

在当今民营企业家中，曹德旺把汽车玻璃做到了全世界；任正非的华为5G技术领跑全球……没有全球观，也就没有他们的今天。

对于中小企业来说，既要看到当地、国内的市场，又要了解国际市场。要走出去，面向更广阔的大市场，不要只停留在某个领域、某个地区，只有走出去才能发现和抓住机会，不断壮大自身。

第四节　战略思考是寻求"解套"的金钥匙

所谓战略思考，通俗一点讲就是对战略思想的理解及如何实施落地。也就是为"决胜千里"，而进行的"运筹帷幄"。只要"想到想好"了，"做到做好"就变得容易得多。人们常说："只有想不到，没有做不到。"要对战略有一个较好的理解，还得引导大家从善用脑子，增强战略思考力说起。

一、寻求"解套"之法在于开动脑子去"想"

在现实生活中，人类要很好地生存和发展，不仅要靠体力劳动，更要勤于脑力劳动。脑力劳动是人类与动物的重要区别。正如孟子所言：

第四部分
战略创新与战略管理是企业经营之要

"劳心者治人，劳力者治于人。"这里的"劳心者"，指的是为人民事业操劳心思又具有领导管理能力的人才，而劳力者是从事体力劳动的人。"劳心"也就是开动脑子去想问题。一些成功者的事迹看似很简单，不少人就有了"我怎么就没想到"的感慨。意思是，我之所以没有抓住机会获得成功，不是我做不到，只是没有想到而已。这就验证了那句"只有想不到，没有做不到"的真理性。有些企业经营者缺乏想问题的思维习惯，因而总感到"难"。其实，很多事情只要开动脑筋认真去想，就有可能想出好点子。即使暂时缺乏条件、时机不成熟，耐心等待和努力，终会有好结果。如果对有些事，连想都没有"想过、想到"，机会来了，就不会去抓，也抓不住。

在美国伊利诺伊州的一家疗养院里，几乎所有人都在休闲疗养。有一位叫乔治·哈姆雷特的退伍军人，却静下心来读书思考。他发现很多干洗店在烫好的衬衣上，为防止变形加上一张硬纸板，客户取回干净的衬衣后，衣服的纸板丢弃不用。他在静静的思考中突发灵感，在硬纸板上加印广告，向广告商收取广告费后低价卖给洗衣店，赚取广告利润。乔治出院后，经过研究、思考、规划，在纸板的正面印上广告，背面则加进一些新的东西——孩子着迷的游戏、主妇的美味食谱或全家一起玩的游戏，使客户能较长时间保留这些纸板和上面的广告。这一创意受到广告商的青睐，乔治很快成了富翁。正如世界著名的成功学大师拿破仑·希尔在《思考致富》一书中强调：如果你想变富，你需要"思考"。

二、寻找"解套"之法还要敢于去"想"

当一只鸵鸟碰到一只狮子时,鸵鸟会本能地逃跑。但是快被狮子赶上时,就忘了持续奔跑的优点,会将头埋进沙子里,最后鸵鸟的命运可想而知。心理学家将这种消极的心态称之为"鸵鸟心态"。"鸵鸟心态"是一种逃避现实的心理,不敢面对问题的懦弱行为。企业经营者中常有"鸵鸟心态"之人,碰到困难,碰到不如意的事情,碰到环境改变时,往往如同鸵鸟一样习惯性地将头埋进沙子里,选择逃避,眼不见为净。不敢想办法克服困难,不做改变只有走向被新环境淹没的命运。其实,只要敢想敢干,总能找到克服困难的办法。

日本松下电器在一次经济衰退的波及下,销售量减少了1/2。当时的决策层认为,要想渡过这个难关,只有裁去现有员工的1/2。松下幸之助经过反复思考,找到了一个缩短工时的策略:"如果每位员工的工作时数减半,则生产量自然只剩下以往生产额的1/2,但是每个人都还可以保有工作。希望每一位员工把剩下的半天时间用在推广产品工作中,以解决存货的过度积压。"由于每个人都可以继续放心工作,并且收入还有保障,因此全体员工都团结一致,奋发向上,都为了公司的前景而努力。在极短的时间内,库存商品销售一空,大家又重回岗位,松下终于转危为安。

"等死的鸵鸟"告诉我们,碰到困难、挫折、棘手的问题,要敢想敢干,切勿心生怯意,意图逃脱,应鼓起勇气面对现实,用逆境来激发潜力，就会扭转乾坤、转危为安，成功将指日可待。

三、善于战略思考的原则与方式

成功者最主要的特点就是他们的思考方式与别人不同，其主要特征是战略思考方式。我们认为战略思考方式有以下几个特点：

一是有积极的心态，时刻充满信心。在任何情况下，哪怕是处在十分险恶的环境中，都要充满信心，用积极心态分析前进中的困难，研究当时的环境，看到积极因素和光明前途，不断地开拓前进。

二是以目标为中心，要有的放矢。大量的事实证明，没有目标就不能成功，而有了目标，不围绕目标去思考，仍然不能成功。思考问题最忌讳无边际，无的放矢。

三是求全面避片面，要权衡利弊。思考问题时，常犯的毛病是片面性，顾此失彼。当思考一些复杂的问题时，要权衡利弊，全面考虑。不要急于下结论，要想一想历史上的经验教训，当下的新情况，然后再作结论。

四是要考虑后果，两头都要顾。一切科学研究的成败，都会从后果体现出来。因此在做每件事之前，都要设想一下后果，设计好无法前进的退出路径，那种顾头不顾尾的思考方法，成功的机会是不多的。

五是打破常规，要有创新思维。很多问题，按常规的方法往往得不到正确答案。打破常规，换一个角度，使用标新立异的方法来思考，可能会有意想不到的效果。

六是虚心征求意见，集思广益。不可自以为是，固执己见，在思考重要问题时，一定要多征求别人的意见。

七是站在高处，要目光远大。在考虑问题时，要站得高些，即用未来的眼光，看得就会更远，思维也就更广阔，成功的可能性就更大。

第十三章 "活下去"是企业战略的根本任务

世界著名管理学家德鲁克认为,企业是由人创造和管理的,而不是由"经济力量"创造和管理的,我们不能单单从利润的角度来定义或解释企业。对于企业来说,不管肩负着什么样的愿景和使命,首先是要生存下去,这是企业的第一需要。

企业战略就是为实现企业的生存和长远发展而做出的重大取舍,以及对资源分配的规划和承诺。企业战略是任何企业都应当遵循的规则。

第一节 "活下去"的战略方针

所谓"活下去",就是要在恶劣的环境下,在重重危机和困难的条件下顽强地活着,而不是轻易躺平;要看到未来可能要面临的挑战,为能继续活下去做好准备。就是企业经营者对自身和家人负责、对员工和投资人负责、对社会和国家负责。这是因为，只有坚强地"活下去"，才能等来发芽成长的"春天"；只有"活下去"，才能等来发展壮大的机会；只有"活下去"，才能为国家和社会做出贡献。从这个意义上说，"活下去"就是企业的基本战略，是实现"百年老店"的唯一途径。

一、"活下去"是一种精神

西北大漠的胡杨以强大的生命力闻名，素有"沙漠脊梁"的美称。它能忍受荒漠中干旱、多变的恶劣气候，在盐碱地上枝繁叶茂地活着，有"生而千年不死，死而千年不倒，倒而千年不朽"的说法。它还以较快的速度生长，阻挡流沙、绿化环境、保护农田。胡杨不讲环境条件，无怨无悔坚强地"活下去"，为自然界作出应有贡献。

我们企业就是要像胡杨树那样，要有永远"活下去"的坚强精神。不能因为外部环境不太好，就怨气十足；不能因为缺资金、缺技术、缺人才等，就丧失"活下去"的信心；不能因为面临危机就要"躺平"，要信心百倍地迎接种种挑战。

二、"活下去"是一种智慧

竹子是人们常见的一种植物，它一般都是自己找那些人们并不注重的小地方，如山林中的荒坡上，房前屋后的空闲地，路边、小河边的沟

第四部分
战略创新与战略管理是企业经营之要

沟坎坎，从不计较环境的好坏而茁壮成长。一根竹子在前4年的时间，仅仅长3厘米。从第五年开始，以每天30厘米的速度疯狂地生长，仅仅用6周的时间就长到15米。竹子为什么在前4年，才长了那么一点点呢？因为这些付出都是为了扎根，将根在土壤里延伸，花这么长时间扎根是为了以后快速成长。它们懂得"根深才能叶茂，本壮才能枝荣"的道理。

企业要像竹子那样充满智慧：要耐心，要低调，要做好内功，要夯实基础，要量力而行。"根底"的能量达到一定程度，遇上"春暖花开"的季节，奋力冲出地平面，快速成长。

三、"活下去"是一种能耐

企业要想在激烈的市场竞争中"活下去"，必须加倍努力，尽快提升自身的经营能耐。否则，"活下去"会面临较大挑战。

可以运用战略思维，把生存、发展、"避险"捆绑在一起思考，根据事态的变化，采取"进、停、退"的应变策略。在出现有利于企业发展的态势时，果断采取"进"的战略，抓住时机，集中力量求发展；在出现动荡的情况下，要"停"下来看一看再作进或退的决定；当出现不利于企业发展的情况，应采取"退"的收缩策略，确保企业先活下来。一旦度过"冬天"，迎来的一定是美好的"春天"。

第二节 "活下去"的经营策略

一、经营机会求跨越

发现并把握机会可以说是成功的一条捷径。一是要寻找机会。要发挥主观能动性，增强思维敏锐性，学会从茫茫的信息海洋中，寻找对企业有用的机会信息。寻找机会主要从政策文件、信息资料、市场缝隙、观念变化、行业空档、季节时令、竞争对手、公共危机等中分析发现。二是要做好准备。除了实力的准备外，还要善用头脑，留心观察。当机会来临时，要认真辨别，准备好了就去抓住，没有准备好，时机不成熟要耐心等待，不打无准备之仗。三是避免掉入陷阱。机会对企业来说也是一把"双刃剑"，没有机会对企业是一种绝望，而机会很多把握不好也可能会酿成大错。做每一件事、投资每个项目的时候，必须对机会进行研判。在机会面前，要擦亮眼睛，冷静思考，认清之后再决策干与不干。

二、居安思危迎挑战

防败是企业战略管理的重大问题。新时代，面临百年未有之大变局，

第四部分
战略创新与战略管理是企业经营之要

风险挑战不可避免。任何企业绝不可有侥幸心理，必须把预防风险重视起来。当今，居安思危已成为许多优秀企业家的核心理念。比尔·盖茨提出"我们离倒闭只有18个月"，海尔提出"永远战战兢兢，永远如履薄冰"，华为任正非的《华为的冬天》都是最好的例证。

危机管理是企业战略的一个重要内容。因为这是一项长期的管理工作，不是阶段性、一次性、局部性的工作，老板和管理层一定要将其列入重要的议事日程，做到居安思危。危机的到来要从最坏处着想，"宁可千日不战，不可一日不备"。有备才能无患，"备"要细微认真，避免重复"千里之堤溃于蚁穴"的错误。企业经营管理者，切不可有侥幸心理，应当遵循风险危机的规律性，居安思危，时刻绷紧防败之弦。

除此之外，企业做好防败问题，还应从以下几个方面思考：其一，从机制上，把风险堵在企业之外。如领导决策、资金财务、人才招用、接班人安排等，稍有不慎，这些风险就可能诞生出许多危机。建立"防火墙"，尽量把风险和危机"堵"在门外；若进来了，就采取一些办法将风险和危机"挤"出去。其二，从制度方案上，应对危机体现一个"快"字。对风险危机要及时评估，不可掉以轻心；要不断增强应对危机的能力；要有预测、预警机制，应对措施得力。对危机苗头发现要快，决策要快，处置要快。其三，主动出击"化危为机"，把危机转化为发展机遇。面对无法抗拒的危机，可以借危机走出困境，破旧立新，开拓进取，谋划未来大发展。

三、应对"萧条"快起跑

加拿大世界顶级商业教练——哈维·艾克,在他的主要著作《有钱人想的和你不一样》中说:"每一期福布斯世界五百强榜单上的成功企业,50%都是在上一次经济衰退中起家的。"看来经济衰退的萧条时期,并没有那么可怕。只要在危机时找出机遇,也许你也会登上世界五百强的榜单。

危机期间和过后的一段时间,对企业来说可称之为"萧条时期"。萧条意味着艰难和痛楚,对众多企业来说,必须以积极的态度面对,在增强信心的基础上,积极探求巧渡难关的策略:一是平时要努力打造企业高收益的经营体制。如果企业具有独创性技术,即使萧条时期销售额大幅下滑也不会出现赤字。二是发动全员营销。萧条时期,应动员全体员工成为推销员。充分发挥员工的智慧,把他们好的想法、创意运用到营销中,唤起客户的潜在需求。三是全身心降低成本。一切都要重新审视,各方面的费用都必须彻底削减。但要企业尽可能地保留员工,为以后的发展囤积力量。四是全力开发新产品。平时无暇顾及的产品,这时主动拜访客户,听听他们对新产品有什么好点子,在开发新产品和开拓新市场中发挥作用。五是保持高生产率。在因萧条而减产时,也决不降低生产效率,并积极开展学习活动,这将成为企业再次飞跃的推动力。六是构建良好的人际关系。萧条时期劳资关系往往出现不和谐,经营者应加强与员工的信赖关系。随着经济恢复,企业业绩上升,以加薪来回报员

第四部分
战略创新与战略管理是企业经营之要

工对自己的信任。七是多在营销策略上下功夫。萧条时期也是创新服务的好机会。从"坐等客来"改为"主动推荐",从"上门自买"到"送货上门",提升产品质量,降低产品价格,提供更多的"超值"服务,用更优惠的产品服务吸引顾客。

第三节 除去"死根"生发优势

企业在发展的不同阶段,要清醒地认识自己的优势和劣势。保持和扩大优势,克服劣势,就可以"活下去",健康发展。

一、寻找"死因",挖掉"死穴"

近年来,一些企业经营遇到了较大的困难。我们通过多年对企业跟踪研究和相关案例资料剖析,认为导致企业死亡的原因,从宏观讲无非是内外两个方面,其主要原因是企业内部问题。当然,企业死亡原因千差万别,但带有规律性,原因有以下几点:

其一,观念陈旧,难以适应变化。在四十余年的经营发展中,初期企业经营太过顺利,所以在科技、管理上就很容易忽视,战略上就更大胆,导致企业规模扩张过快,远远超过企业管理团队的驾驭能力。而后国内外形势骤变,市场竞争加剧,不少企业经营者在思想及行动上不能适应突如其来的变化，经营困难和企业倒闭也就在情理之中了。

其二，盲目自信，忽视风险危机。不少创业者缺少创业经验，他们并不清楚如何经商办企业，更不知道其中的艰难和风险。其实，经营者自身的思想境界和经营能力，以及企业内在实力（资金、技术、设备、管理、业务等综合因素）根本不能支撑企业长久"活下去"。那些存活不到5年的企业基本上属于这种状况！没有量力而行，企业缺乏核心竞争力，一旦外部环境出现变化，就会影响很大！作为企业负责人，需要在充分了解外部环境的情况下，再来思量自身能力和企业综合实力，选择最合适的规模。只要技术和管理能够达到行业中等以上水平，你就能生存下去！

其三，战略缺失，管理没有章法。战略管理要求经营企业一定要遵循市场规律，按照客观要求规范管理，而不是"山寨式"的不讲章法，想到啥就是啥，弄成啥算啥。用通俗的话说，战略就是为未来"活下去"而战！

战略管理就是按照战略思想理念和中外企业长期探索出来的成功"章法"去做，而不是随心所欲瞎折腾。很多企业，每年都搞各种各样的活动，一会儿5S，一会儿阿米巴，一会儿绩效管理，一会儿流程优化和再造，一会儿项目管理等。总是不断进行各种管理改进活动，活动轰轰烈烈，效果并不是预想的那样。如果致力于将一个企业长久经营，就必须走合规发展路线，运用战略管理的制胜"法宝"，练好内功，将管理、技术、质量等提升上去，才是获取利润的正确之道！

第四部分
战略创新与战略管理是企业经营之要

二、用好自身优势，提升竞争力

所谓核心竞争力是指能为企业带来竞争优势的资源和能力，这是企业所特有的、能够经得起时间考验的、具有延展性的力量。按照这样的定义，企业的核心竞争力，不仅仅是人才、技术、资产、品牌等看得见、摸得着的显性东西，还有不少独有的隐性东西。只要我们把这些东西挖掘出来，充分运用到经营管理中去，形成竞争优势或核心竞争力，就可以为"活下去"提供强大的能量。

企业之所以能在市场竞争中"活下来"，主要有以下几点优势：一是不惧其小，竞争力强。具有资产规模小，船小好调头的优势；执行阻碍小，高层决策意图落实较顺畅；管理成本小，产品在市场上有较强竞争力。二是完全市场化，创新力强。民营企业靠自身力量，放手创新，完全在市场经济中求生存发展。主要特征是以"快"取胜，即反应速度快、生产效率高、内部决策快。当遇到产品结构调整、市场波动时，能够很快针对市场需求进行改变，有更高的效率。三是机制灵活，适应性强。民营企业具有战略灵活、业务灵活、生产调整灵活等特点。在投资、生产、销售、分配等各个方面，只要顺应市场，找准位置，就有发展前景。四是具有完全的市场导向。民营企业为获利有着较强大的投资欲望，经营目标就是使资本增值、实现资本收益最大化。在这一目标的驱动下，民营企业最大的特点是其经营活动完全以市场为导向，将资本向市场需要的产品上转移，以实现良好的经济效益。

不少企业很好地运用了自身的这些优势，更容易实施创新和探索新的商业模式。这种灵活性和敏捷性使得他们能够更快地适应市场变化，满足消费者的需求，并在高科技领域和新兴产业中脱颖而出。

三、借助营商环境，夯基础快发展

营商环境是指市场主体在准入、生产经营、退出等过程中涉及的政务环境、市场环境、法治环境、人文环境等外部因素和条件的总和。

企业由于自身原因，基础较差问题长期得不到根本性改善，这也是难以"活下去"的重要原因之一。近年来，国家出台了较多的有利于改善企业营商环境的政策措施。

这对企业而言，是一个难得的求生机遇，只有抓住它，才会继续前行。也就是说，光有政府的积极性不行，企业还要积极主动。企业要努力按政府的有关要求，做好自己该做的事情，才能实现政府和企业"双赢"。例如，融资难问题，不仅要选择那些符合产业政策、科技含量高、市场潜力大的项目，而且自身的诚信、经营能力、战略规划等问题，要努力改进，才能得到政府的扶持，吸引更多的合作伙伴。

四、做好"红海"，寻求"蓝海"

在经济全球化的大背景下，经营者因知识结构、思维模式和管理水平等不能适应企业进一步发展而呈现出"落伍"的疲态。如果你的企业

第四部分
战略创新与战略管理是企业经营之要

所在的行业还有一定的发展空间，还有较强的竞争优势，可以坚持下去；如果势头不对，要及时转向调头。"蓝海战略"的出现给一些人带来了曙光。

"蓝海""红海"十分形象地阐明了两个经济管理学概念。蓝海，指的是未知的市场空间，红海则是指已知的市场空间。

红海是指一种企业竞争状态：众多企业在一个产业里进行着博弈，每个企业为实现更大的市场份额而与对手展开残酷竞争，就像军事战场上，交战的双方为了获取胜利，不惜血流成河。传统市场领域是一个充满竞争的红海，在这个领域中，产业边界是明晰的，游戏规则是已知的。身处红海的经营者试图表现得超越竞争对手，在行业竞争法则的驱使下，不得不通过价格来竞争，结果是市场空间变得拥挤，行业品质下降，供大于求，利润增长的前景黯淡。

蓝海，也是一种比喻，静谧而博大，给人无尽想象的空间。它指的是企业完全脱离血腥竞争的红海状态，拥有一片崭新的市场空间。蓝海战略作为一种新的战略理论，是相对于原有的渐趋或已趋近饱和的市场需求而提出的。蓝海即是新的、未开发的市场需求空间。蓝海战略，就是要让企业突破红海的残酷竞争，不把主要精力放在打败竞争对手上，而放在为买方与企业自身创造价值飞跃上，并由此开创"无人竞争"的市场空间，即跨越自己熟悉的业务，以一种更广的视野，以"价值创新"的方式开拓还没人进入的新领域。

红海与蓝海在战略上的区别：一是在竞争性质上，红海战略属于竞争性，面对竞争随需应变。蓝海战略更注重价值创新，创造需求。二是

- 191 -

拓局：创新基因与战略跃升

在市场态势上，红海是成熟市场，成本低，风险低，但竞争激烈。蓝海则意味着未开垦的市场空间，潜力大，风险也高，但可以使企业获得机会。三是在客户问题上，红海只注意现有客户，注重客户的差异化及精细的客户细分。蓝海关注潜在客户，致力于大多数客户的共同需求，而不是着眼于现有客户。总之，企业要根据实际情况，在红海还有黑金可挖时，不必轻易放弃，但要放眼蓝海，做好准备，向希望进发。

第十四章　企业战略是对企业未来发展的思考

顺势而兴，逆势而亏。企业战略只有顺应国家或地区的政策和法规以及行业的规则，履行应尽的社会责任，企业才有可能获得更多的资源支持和发展。企业未来的发展应当围绕企业战略这一方向展开。

第一节　企业战略对经营方向的思考

一、寻找企业正确的方向

总的来说，企业战略是要解决企业生存和发展这个最为根本的问题，也就是解决企业的增长问题。因此，对企业战略的思考，首先要从企业自身真正的需要出发，找到企业增长的机会，以及影响企业增长的主要问题，然后从技术性层面和适应性层面思考问题的解决方案。

民营企业存在的缺陷主要表现在对未来形势缺乏准确的判断。很多企业只是看到当期的短期利益，没有对未来的形势加以分析，推测，导致企业最终难以摆脱失败的结局。不少企业没有明确的目标和定位，企业的目标是赚取利润，只要有利可图，很多企业宁可铤而走险，游走在法律的边缘，没有给自己的企业制定一个合理的，长久的目标规划，很难使企业得到长期稳定的发展。现代管理学之父彼得·德鲁克认为企业战略就是企业的发展蓝图，没有战略的企业就像没有舵的船，只在原地打转。20世纪90年代的三株口服液通过强有力的广告策略使产品深入人心，但是这些企业却没有一个明确的战略目标，在前进的道路上迷失了方向，虽然都有过短期的辉煌，但最后都摆脱不了失败的结局。

企业战略是指企业面对日益激烈的竞争，为求得长期生存和不断发展而进行的基于宏观层面的总体性谋略。即以未来为主导，与环境相联系，以现实为基础，对企业发展的策划、规划，要解决的是"企业与环境的协调平衡"。企业战略最终目的是达到两个标准：一个是商业标准，讲的是规模实力经济效益；一个是社会标准，讲的是对社会的贡献，是为国为民还是为一己之私。

二、放远目光看未来

今天的企业面对的是"乌卡时代"，即这个时代是易变的、不稳定的、复杂的、模糊的，时常出现"灰犀牛""黑天鹅"事件。对此，企业经营者必须高瞻远瞩，把握不确定性，把握全面，把握未来。具体应该思考下面10个问题：（1）未来该干什么？（2）国家在干什么？（3）同

第四部分
战略创新与战略管理是企业经营之要

行在干什么？（4）上游下游在干什么？（5）客户在想什么？（6）政府让干什么？（7）市场需要什么？（8）自己该干什么？（9）自己能干什么？（10）自己想成为什么？思考这10个问题就像打太极拳一样，基本功练好以后，就能够融会贯通。把这些问题弄清楚了，就可以适应变化，开拓进取。外界变，咱们也要变，随时因环境而变，以不变应万变。

曾经有两家企业都想在某郊区投资地产，A企业考察后认为："那里人口稀少，房地产业发展机会渺茫，房子盖好了也没有人来住。"而B企业考察后则认为："该地虽然人口稀少，但那里环境幽雅，人们厌倦了城市的喧闹，定会喜欢在那里生活。"果然不出B企业的所料，随着时代的发展，城里人越来越向往农村生活，尤其是农家乐一类的旅游项目，办得更是如火如荼。A企业因鼠目寸光，只看见眼前事物的表象，错过发展时机；B企业却高瞻远瞩，从表象预见未来，获得了长远的利益。这就是思考未来的意义。

三、平稳前行谋发展

"平稳"就是稳当、稳妥。大起大落，东歪西斜就会有翻船的风险；"发展"就是要求进，不可停滞不前。企业就如前进中的车船，应根据环境变化，及时调整前行的速度，保持平稳发展。

一是"进"。就是进取。一个人或一个企业，只有不断追求进取，才能不断发展壮大。如果只求"守摊"，不求进取，企业不会有好的效益，也难以在复杂激烈的市场竞争中生存下去。不能怕风险危机和失败，而退缩不前，要从危机中、失败中寻求发展的机会。

二是"退"。就是在前进途中，遇到不可战胜的强大敌人不能继续前进时，就应当采取"退"的决断，以求保存实力，寻求新的发展机会。"退"是一种智慧，其内涵包括停止、等待、转向、放弃、舍得等。在局势出现动荡的情况下，要"停"下来看一看；当企业难以发展时，就要果断采取"退"的收缩策略，断臂求生，砍掉不挣钱的业务。要明白"退"是为了更好地前进，就像拳头收回来，才能更有力地打出去。

三是"稳"。就是不左右摇摆，处在相对平衡、平稳的状态。也就是在求进中，应以稳字当头。要耐住性子，稳中求进，这是企业最好的状态。不能为了所谓的发展，把企业置于动荡之中。要把"避险"作为"稳"的重要内容来考虑。要有居安思危的忧患意识，未雨绸缪，以保稳中求进。

四、内外环境应并重

我们常常看到一些企业一段时间很红火，在媒体上也常看到他们的消息，或高额聘请名人代言。结果往往是昙花一现，或负面消息传出，或销声匿迹。当然，也有些企业很少在媒体上看到或听到它们的声音，一打听成立多年了。在与有些小企业负责人交谈中，他们也常以"企业还小""做人低调"来解释自己埋名的理由。我们认为，以上这些都是片面的经营行为。应当把埋头做好企业内部经营管理与营造良好的企业外部经营环境，视为一架马车上的两个轮子。只有把二者都重视起来，恰

第四部分
战略创新与战略管理是企业经营之要

如其分地做好，企业才能跑得快、走得远。只关注其中一部分，而忽视另一部分，顾此失彼，就会使企业在前进中失去平衡。企业内外环境并重，是企业战略的重要内容和基本要求。

企业内部实力的打造和对外环境的开拓营造，都是企业发展的重要因素。两手都要抓，两手都要硬。当然要把重心放在企业内部实力的打造上，因为他是企业发展的主要因素。但也不能忽视外部环境的营造，因为可以让企业赢得发展机会。在企业内部实力的打造与对外环境的开拓营造关系上，二者不可偏废，关键是把握力度，使两个轮子都充分发挥推动企业发展的作用。

第二节　企业战略对重大事务的思考

企业要做的事很多很杂，只能从战略上对企业要做的事提出一些原则性的要求。至于具体到哪些事该做，哪些事不该做，应在坚持原则的基础上，予以决断。我们认为，应在四个层面上去把握，即：寻找"正确"、做对的事、把对的事做对、把对的事做得又快又好。

一、积极寻找"正确"

一艘观光客轮的船长，长年驾船在一条风景秀丽、滩险流急的大河上航行，20多年来从未出过一次事故。游客称赞他技术好、对这条河中的险滩和暗礁摸得清楚时，他却说，并不清楚，也没必要清楚。游客很纳闷，他接着说，我只知道河中深水在哪里就足够了，因为在那些地方根本不会碰上险滩和暗礁。并用带有哲理性的话说，现实生活中，虽然在正确的周围存在无数错误，但只要你寻找正确，就不需要将所有不确定的"区域"或东西进行"试错"。

同样，企业经营者面对的是复杂多变的、未知的"大海大河"，"险滩和暗礁"随时可能遇到，如果盲目地跟风向前，可能在"试错"中，消失在"大海大河"中。因此，不管前方有多少"险滩暗礁"、荆棘陷阱，你只要找准正确的道路，就能顺利走向远方。寻找正确远比"试错"要快得多。

二、坚持"做对的事"

"做对的事"是企业战略对人的做事观念要求。企业的各种产品和服务，必须是有利于国家、社会、民众。企业经营者所做出的决策是正确的，才能把企业不断引向成功的未来。决策正确，即使执行中出现偏差，也可以纠正过来。而企业发展最大的失误莫过于决策不当。因此，企业只有努力做对的事，才能不被社会淘汰，不被市场淘汰。

所谓"做对的事"，就是做不违背社会道德、法律法规、市场规则、事物规律等的事。与此同时，还要从企业实际出发，所做出的决策、结论与外部环境相协调，行得通，并能取得良好效果。

第四部分
战略创新与战略管理是企业经营之要

在做事之前，必须要"先过脑子"，不做没谱的事。关键是对要做的事必须研判，不仅要算盈利账，还要算"风险"账，要事先对风险进行预判，对规避风险要有预案。没想好的事就停下来，不要盲目启动。只有这样，人生才容易成功，才不会犯大错误。"选择比努力更重要"，说的就是这个道理。

三、努力"把对的事做对"

"把对的事做对"是战略对人的做事能力要求。运用策略、战术，把"想"正确的事，动脑动手做对，达到预想的结果，这就是战略能力。有了这种战略能力，才能以不变应万变，把企业和人生经营好。这种能力包括：一是理念创新能力。战略相当于打移动靶，不能固定位置不动，它需要我们有变化、追踪、反应的能力。这种能力其实就是"创新能力"。在战略中要运用创新能力，需要考虑"因时因地"。因时：把握时机，不要太超前或落后；因地：考虑所处环境、所处行业以及周边生态，因地制宜。二是自己本身要有对整体的驾驭能力、判断能力，这样才能把握好趋势并将创新理念落到实处。三是整合能力，就是把适合自身发展的资源要素整合到企业平台上。具备人无我有，人有我优的长板，才会吸引别人跟你合作。四是操作决断能力。构想如果仅在脑袋中，那它就只是一个想法，没有竞争力也没有价值。

四、实现"把对的事做得又快又好"

"把对的事做得又快又好"是战略对人做事的行为要求。这里说的"快",就是好中求快,是建立在"好"的基础上的"快",如果没有"好"的前提,就是盲目行为。如果你的决策能力强,遇到的问题较为简单,果断快速决策自然是好现象;如果你的决策能力还不太强,遇到的问题又比较复杂,掌握的信息不太多,一下子没有想好,还是慢点来,等找到适当时机和正确方法后,再下结论做决策,避免出现"欲速则不达"的结果。然而,有些需要尽快解决的战略性问题,不要被细枝末节所纠缠,使一些影响全局性的重大问题得不到解决。正如任正非所言:不要在非战略问题上浪费时间。如果战略决策已经形成,就要快速行动,否则就会失去机会,影响企业的发展进程。

第三节 企业战略对领导团队的思考

一、领导者的战略角色与战略能力

企业经营者是企业的核心人物,他们所承担的战略角色和战略管理能力决定着企业的生死存亡。为了让企业经营者对自己承担的角色和应

第四部分
战略创新与战略管理是企业经营之要

具备的能力有更为清晰的认识，我们结合企业的实际情况对一些专家学者的相关论述，进行了归纳整理。

企业经营者的战略角色有以下几种：一是大趋势的掌握者。例如进入新时代后，国内外的大趋势、大环境都发生了哪些变化？党和国家对民营经济、民营企业的方针政策将会出现哪些新动向？等等。要考虑企业面对的环境变化应该如何采取相关的定位和调整。要成为先知先觉者，而不是跟着跑。二是企业发展方向的确定者。企业经营者应该高瞻远瞩，为企业制定长远的发展方向。对未来要做什么事，要争取哪些目标，进行总体的战略规划和战略方向的指引。要常回头看看对还是错，对的坚持下去，错了就调整。三是经营发展的创新者。应该经常审视企业哪些东西需要加强，哪些东西需要放弃，哪些东西需要减少，哪些东西需要创造，如何从所处的"红海"转向"蓝海"。四是相关利益的平衡者。企业是国家、社会、员工、客户及投资者等多种利益交集的平台，企业经营者只有公正、公平、合理地平衡相关利益，才能为企业战略的实施铺平道路。五是社会资源的整合者。任何资源都是有限的，企业经营成败的重要因素之一就是对有限资源的获取和整合利用的能力。企业领导者的角色之一就是树立良好的形象，在各方面获得广泛认可的情况下，帮助企业获取关键资源。六是健康团队的建设者。上下同欲者胜，战略家必须对企业负责，必须致力于创建团队精神，建立在各方面独树一帜的优秀团队，并整合团队力量，发挥协同优势，率领下属为了共同的目标而奋斗。七是阻挡风险的把控者。谋成先谋败，企业在重大决策形成和实施过程中，不仅要考虑效益，更要考虑可能带来的风险，应量力而行，谨防冒进。八是组织结构及人才任用的设计者。战略的执行必须靠合理的组织结构和德才兼备的人才完成。战略家在为企业设计战略蓝图、指定战略方向之后，就必须对企业内部的组织结构及各岗位上的人员进行设计和调整，确保战略规划的落地，战略目标的实现。

二、高素质领导团队建设势在必行

企业不能仅靠老板一个人单枪匹马干，要靠"领导团队"的集体智慧经营。因此，企业的"接班人"应该是一个"团队"，而不只是一个人。

美籍华人王安先生创建的王安电脑公司，在美国硅谷排名第十。在他晚年的时候，决定把公司董事长的位子让给他的儿子。公司15个董事一致辞职以示反对，因为他们认为他的儿子没有对公司做出过贡献，对公司的管理也有很多欠缺。王安辞世后，他的儿子接管了公司，果然应了15个董事的话，王安公司慢慢地垮了。

20世纪后期跻身全国钢铁行业20强的山西海鑫集团，当公司老板李海仓被朋友枪杀后，其父"力排众议"，否定了与李海仓一起创业多年、有丰富企业管理经验的领导团队合理"继位"，而决意让只有22岁的孙子李兆会接班。缺乏战略大智慧的李兆会上位后，为了巩固自己的权力，将当年同父亲一起打江山的老一代团队成员，先后调离了公司高层。随后，李兆会将父亲积累下来的百亿资产赔光，负债数亿，企业破产被他人重组。

第四部分
战略创新与战略管理是企业经营之要

从以上案例可以得出这样的结论:"接班人"不能只是一个人,应该是一个团队,因为一个人的精力和智慧是有限的。企业未来将面临来自多方面的挑战,需要大智慧和多人智慧的聚合才能长久。家企老板,也许难以接受团队接班的现实,完全可以让年轻一代,先成为这个团队中的一员,锤炼成才后,再成为企业掌门人也不迟。

三、领导队伍中智囊人才不可或缺

春秋战国时期,不少名门望族或大户人家供给那些有特殊本领的人衣食住行,在重大问题或关键时刻请他们出面为自己出谋划策。古代这种"养士"风气,一直延续下来。三国时期,出现了不少著名的谋士。除了大家熟知的司马懿、庞统、诸葛亮、周瑜外,还有荀彧、吕蒙、郭嘉等,他们都为三国鼎立的形成立下了汗马功劳。

许多组织及企业都有智库或顾问形式的智囊机构,他们为组织的发展强大发挥了重要作用,如美国最知名的政府智库兰德公司。据了解,世界500强企业70%以上都聘有顾问或咨询公司。这样做的目的是,及时发现和解决企业中的问题,应对复杂多变的环境形势,确保领导决策的正确性。而不少企业缺乏应用智囊人才的意识。我们认为,面对当前及未来复杂多变的形势,老板应放下架子,虚心求教;舍得花钱,求得决策正确,赢得发展机遇。应当把智囊人才作为企业人才队伍的一个重要组成部分,成为决策层背后的"高参、高人",为企业赢得发展机遇。

第四节　企业战略对企业接班问题的思考

接班问题是许多老板最为头痛的事，是考验掌舵人智慧的一个战略性大问题。

一、企业要重视培养接班人

企业领导人的更替往往是每一个企业在发展过程中最为艰难也最关键的一个环节，这段时期是企业阵痛期。能否挑选到优秀的接班人，能否顺利地将企业"接力棒"交给新领导人，对企业目前能否平稳过渡和未来能否良性发展，起着至关重要的作用。正如在接力赛中，不仅运动员本身的实力会影响比赛，同时接力棒交接是否顺利也是影响比赛名次的重要因素。权力能否交给正确的人、理想的人，关系到企业未来的生存与发展。因此，企业经营者应重视以下几个问题：一是对接班问题考虑的时段选择。创业初期，工作的重心放在了生存问题上，考虑接班问题也不现实。我们认为，在企业进入稳定期，步入中型规模后，就应该把接班问题列入议事日程。二是做好接班问题的方向选择，包括人才内外选择、方式选择等。从目前看，主要方向有子承父业、内部挑选、外部聘用和职业经理人几种。这要根据家庭情况、企业情况、时代要求及

第四部分
战略创新与战略管理是企业经营之要

老板自身的价值取向，综合、反复思考之后，逐步形成符合实际的选项。三是做好接班人才培养的方式选择。是老板按照个人意愿进行？还是列入企业人才培养制度安排推进？或其他。总之，接班问题应引起经营者的重视，适时做出计划安排，避免走入"无关紧要""到时候再说""我还能干"的误区，最后造成"临时抱佛脚""后继无人"的不利局面。

二、对"子承父业"模式的分析

从民企目前的情况看，接班的方式有三种情况：子承父业、从家族成员中选、从外部人员中选。选择"子承父业"模式较为普遍，这与我国传统文化的影响有直接关系，短期内难以有较大改变。然而从现实情况看，子承父业模式也有三种情况：一是儿女愿意接班，父辈对儿女也比较满意；二是儿女认为办企业太苦太累没兴趣，或"另有所爱"，不愿接班；三是儿女不成器，或只想接财富，老板犹豫不定。子承父业对老板及家族而言，主要是满足"基业不外流""后继有人"的心理诉求。既对财产放心，又能保证后期对财权、人权、管理权的继续支配。客观上能起到企业短期稳定发展的作用。从长远来看，难以实现基业长青的目的。

企业掌门人要勇于破除传统落后的思想观念，以基业常青为出发点，理性选择接班模式，不可把"子承父业"作为唯一选择。特别值得注意的是，新一代年轻人，他们的自主意识比较强，不一定按父辈设计好的路径行走。

三、对接班人的培养应着眼未来

企业培养接班人问题，既是个理论问题，又是个实践问题，更是个较为复杂的战略性问题，谁都难以给出一个适合每个企业的答案。这是因为，每个家族企业都有各自不同的情况，他们中，有成功的也有失败的，现在还没有切实可行的模式，只能具体问题具体分析。

但是任何事物都有其规律性。我们根据一些专家学者研究成果和企业家的实践经验，向大家提供一些思路：一是多动心思早下手。企业经营者要及早发现并培养接班人才，适时交接班。要有底线思维，做好危机应对，避免造成不可挽回的损失。二是老一辈创业者要对有意向的人才进行传、帮、带。三是提供相应的实践机会。一些企业家把接班人放到基层去，经历磨炼。四是扶上马，送一程。把企业的权杖适时交给接班人，老一代在旁给予提醒，把握大方向，具体经营管理让新人去干。要有宽容之心，不要怕他们犯错，要多鼓励。过多指责，急于求成，都是不可取的。五是企业家要有宽阔的胸怀，有"谁人品好、能耐强就让谁干"的思想境界，从更广阔的范围内选贤任能。

结语

"准备好了吗？时刻准备着"

"准备好了吗，时刻准备着"是《儿童团歌》的第一句歌词，相信上过学的人都吟唱过。前半句"准备好了吗"，是在提醒人们准备好了再开干；后半句"时刻准备着"是要求人们每时每刻都要努力为梦想去做准备。人们做任何事之前都需要做"准备"。没有"准备"肯定不行；没有"准备好"也不行。没有准备的成功，就如"瞎猫碰到了死老鼠"，完全可以忽略不计。

"一分耕耘，一分收获。""耕耘"就是农民收获前所做的一切准备。一般来讲，准备与收获成正比。然而在有些情况下，没有准备好可能"颗粒无收"。所谓"准备好"，就是要达到预定目标，"好了"开工干才容易成功，不足则容易失败。不少创业者在没有做好准备的情况下，盲目下海创办企业，结果是成少败多。失败者往往埋怨是营商环境不好造成的，在当今营商环境越来越好的形势下，为什么不少企业经营者反而觉得发展的机会越来越少、经营越来越困难呢？我们认为，主要原因是没有做好适应新时代的"准备"。过去较长一段时间，在市场监管、法律法规、政商关系及市场态势等不够完善规范的情况下，利用这些"空间"办事，自然比较容易。而如今"空间"小了，又没有做好应对新情况的准备，仍照老办法做，自然就不好使了。

创业毕竟不是靠一两单生意就能取得成功的，也不是凭借着个人的想象就能够赚钱的。创业是一个完整的过程，每个环节都可能有危险和不确定的因素，稍有闪失，都可能血本无归。所以，每一个人在创业之前，除认真学习外，还要认真谋划，为"变局"做好充分的准备，就是经常所说的"厚积薄发"。所谓"厚积"，就是在机遇还没有到来的时候进行充分的准备和积累；所谓"薄发"，就是当机遇到来之时抓住机会有所作为。厚积是薄发的基础和前提，如果没有充分的准备，那么永远都难以抓住机遇、走向成功。

常言说，机遇是给那些有准备的人的。这里所说的"准备"，不仅仅是要为机会而准备，还要时刻准备着去抓住机会、创造机会。只有这两个"准备"相加，机会才真正是你的。那么，企业怎样才能把两个"准备"都做好呢？我们从不少成功企业家得到的结论是：运用战略管理理论和方法，制定一个切实的战略规划。这样你就明白5年、10年之后自己要做什么，然后针对自己选择的目标，精心准备所需要的资源、技术、知识等，等到时机成熟的时候，再适时地采取行动，往往就能一击而中。笔者认为，这是企业做准备获得成功的"捷径"。

结　语
"准备好了吗？时刻准备着"

　　试想，做战略的过程，不就是在抓住机遇、创造机遇、获得成功的"准备"过程吗！至此，笔者就以下面一句话作为本书的结束语：战略是一种企业经营者为赢得机遇造就成功的有效"准备"，让我们为美好的未来"时刻准备着"！